Udo Rauchfleisch

# Wenn Beziehung abhängig macht

Ein Ratgeber



Patmos Verlag

**Wichtiger Hinweis:**
Die in diesem Buch enthaltenen Informationen, Hinweise und Übungen wurden nach bestem Wissen des Autors erstellt und sorgfältig geprüft. Sie ersetzen jedoch nicht den persönlich eingeholten (psycho-)therapeutischen oder medizinischen Rat. Verlag und Autor können für Irrtümer oder etwaige Schäden, die aus der Anwendung der dargestellten Informationen, Hinweise oder Übungen resultieren, keine Haftung übernehmen. Deren Nutzung bzw. Durchführung erfolgt auf eigene Verantwortung der Leserinnen und Leser.

Für die Verlagsgruppe Patmos ist Nachhaltigkeit ein wichtiger Maßstab ihres Handelns. Wir achten daher auf den Einsatz umweltschonender Ressourcen und Materialien.

Bibliografische Information der Deutschen Nationalbibliothek
Die Deutsche Nationalbibliothek verzeichnet diese Publikation in der Deutschen Nationalbibliografie; detaillierte bibliografische Daten sind im Internet über http://dnb.d-nb.de abrufbar.


Verlagsgruppe Patmos in der Schwabenverlag AG, Ostfildern
www.patmos.de

Umschlaggestaltung: Finken & Bumiller, Stuttgart
Umschlagabbildung: Divield / shutterstock.com
Gestaltung, Satz und Repro: Schwabenverlag AG, Ostfildern
Druck: CPI books GmbH, Leck
Hergestellt in Deutschland
ISBN 978-3-8436-1341-5 (Print)
ISBN 978-3-8436-1375-0 (eBook)

Wenn Beziehung abhängig macht

# Inhalt

# Einleitung: Warum ein Ratgeber für beziehungsabhängige Menschen und ihre Angehörigen?

Wir Menschen sind, wie schon Aristoteles sagte, soziale, auf Gemeinschaft angelegte Wesen und können ohne Beziehungen zu anderen Menschen letztlich nicht existieren. Martin Buber hat dies mit den Worten beschrieben: »Der Mensch wird am Du zum Ich.«[1] Diese zentrale Bedeutung der Beziehungen beschränkt sich indes nicht auf den Menschen, sondern gilt auch für die höheren Säugetiere, deren ungestörte Entwicklung davon abhängt, ob sie eine Beziehung zu den sie aufziehenden Elterntieren aufbauen können.

Neben den Beziehungen, die für die Entwicklung von uns Menschen wichtig sind, gibt es aber auch Beziehungsformen, die eine unheilvolle, destruktive Wirkung haben. Eine davon ist die Beziehungsabhängigkeit.

Wenn Sie, liebe Leserinnen und Leser, den Begriff »Abhängigkeit« hören oder lesen, denken Sie sicher fast automatisch und ausschließlich an Menschen, die von Alkohol, Drogen oder allenfalls bestimmten Tätigkeiten wie Arbeit (Workaholic) oder Glücksspielen (Spielsüchtige) abhängig sind. Selten hingegen verbinden wir mit diesem Begriff die Situation der Menschen, die Abhängigkeiten im Beziehungsbereich aufweisen. Oft ist diese Art von Abhängigkeit auch weniger offensichtlich. Aber das damit verbundene Leiden und die Folgen für die Betreffenden selbst sowie für ihre Angehörigen und Freunde sind keineswegs weniger schwerwiegend als die der stoffgebundenen Abhängigkeiten.

Zu Beziehungsabhängigkeit kommt es vor allem bei Personen, die sich wenig zutrauen und deshalb stark auf den Rat und die Unterstützung anderer angewiesen sind. Oft klammern sie sich aus Angst vor dem Alleinsein an andere Menschen und harren selbst dann in einer Beziehung aus, wenn sie dort Opfer von Gewalt werden. Beziehungsabhängige sind jedoch keine spezifische Personengruppe. Eigentlich kennen wir alle, sofern wir uns auf emotional intensive Beziehungen einlassen, derartige Abhängigkeitsgefühle. Und selbst diejenigen, die ängstlich Abstand zu anderen Menschen halten, können beim Hineinspüren in ihre Furcht wahrnehmen, dass es die Abhängigkeit von anderen ist, vor der sie Angst haben, wenn sie eine Beziehung eingehen.

Da bei Abhängigkeitsverhältnissen immer mindestens zwei Personen beteiligt sind, ist die Zahl derer, an die sich dieser Ratgeber richtet, keineswegs klein. Darüber hinaus bringen derartige Beziehungskonstellationen oft großes Leid für die Abhängigen selbst und ihre Interaktionspartner, aber auch für die ihnen nahestehenden Menschen mit sich, und so hoffe ich, mit diesem Buch viele Menschen erreichen und ihnen Hilfestellungen geben zu können.

Während Personen mit einer Beziehungsabhängigkeit die Anlehnung an andere Menschen bewusst suchen und ihnen diese Nähe zumindest einige Zeit lang innere und äußere Sicherheit vermittelt, empfinden Sie als Partnerin oder Partner eines beziehungsabhängigen Menschen eine solche Beziehung vielleicht schon bald als sehr einengend und fühlen sich darin unter Umständen gefangen. Anfangs mögen Sie als Partner beispielsweise gedacht haben, es sei eine eher distanzierte Beziehung und Sie würden dem anderen Menschen »etwas unter die Arme greifen«. Aber dann merken Sie plötzlich, dass Sie sich durch die Erwartungen, die die abhängige Person an Sie hat, überfordert fühlen und ihre Ansprüche Ihnen fast die Luft abschnüren. In einer solchen Situation, vor allem, wenn Sie spüren, wie verzweifelt sich die abhängige Person an Sie klammert, erleben Sie sich unter Umständen wie in einer Falle.

In diesem Buch geht es um drei Gruppen von Menschen: um Sie, die oder der Sie sich in einer Beziehung abhängig fühlen und abhängig machen; um Sie, die oder der Sie Partnerin oder Partner einer abhängigen Person sind; und um Sie als Angehöriger, Freundin oder guter Bekannter einer beziehungsabhängigen Person.

Die erste Gruppe der beziehungsabhängigen Menschen ist keineswegs klein. Wenn Sie selbst unter solchen Problemen leiden, wissen Sie aus eigener Erfahrung um die großen Ängste und Selbstwertzweifel, die Sie immer wieder quälen. Vielfach erfahren Sie indes von den Menschen Ihrer Umgebung keinen Trost und keine Unterstützung, sondern sehen sich häufig sogar noch mit Vorwürfen konfrontiert, etwa dass Sie doch »endlich mal selbstständig werden« sollten, »sich zusammenreißen« müssten oder »selbst schuld« seien, wenn Sie sich nicht aus Beziehungen lösen, die Ihnen schaden. Vielleicht haben Sie als Angehörige oder Freund auch schon einmal mit derartigen Vorwürfen Ihrem Unmut Luft gemacht.

Um auf die schwierige Situation aufmerksam zu machen, in der Sie sich als Mensch mit einer Beziehungsabhängigkeit, als Partnerin bzw. Partner oder als Person aus dem Kreis der Angehörigen und Freunde befinden, um Ihnen Hilfen zu bieten, aus Ihrer verzweifelten Lage herauszufinden bzw. um Sie als Außenstehende für die Probleme des Paares zu sensibilisieren – dafür habe ich dieses Buch geschrieben.

In diesem Ratgeber werde ich in zwölf Kapiteln die wichtigsten Fragen und Probleme diskutieren, die im Umkreis von Beziehungsabhängigkeit auftauchen. Dabei stehen sowohl die Probleme des unter der Abhängigkeit leidenden Menschen im Zentrum als auch die seiner Partnerin bzw. seines Partners, außerdem die Fragen, mit denen sich seine Angehörigen und Freunde konfrontiert sehen. Diese Betrachtungsweise liegt nahe, weil das Phänomen Abhängigkeit in sich bereits die Beziehungsthematik enthält. Zur Abhängigkeit gehören stets zwei Personen: eine abhängige und eine, von der der Betreffende abhängig ist. Beziehungsabhängigkeit entfaltet sich, wie das Wort selbst schon deutlich macht, immer in einer Beziehung und wird von beiden Beziehungspartnern gestaltet. Um dies immer wieder deutlich zu machen, sind die Kapitelüberschriften jeweils aus der Sicht beider Interaktionspartner formuliert.

Zur Veranschaulichung dienen Beispiele, die das Erleben und Verhalten realer Personen beschreiben. Dabei habe ich aber jeweils Teile aus verschiedenen Lebensgeschichten zu einem Beispiel zusammengefügt, so dass die Anonymität der einzelnen Personen absolut gewährleistet ist. Die verwendeten Namen sind fiktiv.

Im ersten Kapitel werde ich darstellen, was wir aus psychologischer Sicht unter einer beziehungsabhängigen Persönlichkeit verstehen. Es geht hier, wie im gesamten Ratgeber, nicht um Menschen mit einer *krankhaften* Persönlichkeitsentwicklung, sondern um Beziehungsformen, die wir bei uns allen in der einen oder anderen Form finden können oder in die wir unter bestimmten Umständen geraten können. Ich werde in diesem Zusammenhang auch darauf eingehen, was wir heute über die Ursachen dieser Entwicklungen wissen.

Ein Exkurs in diesem Kapitel ist der Frage gewidmet, ob Liebe nicht immer eine Art von Abhängigkeit ist. Sind die uns verzehrende Sehnsucht nach der geliebten Person und die »rosarote Brille«, durch die wir sie im Zustand der Verliebtheit wahrnehmen, nicht immer auch Ausdruck von Abhängigkeit? Oder zeichnet sich echte Liebe durch eine besondere Art von Abhängigkeit aus, die sich von der in diesem Ratgeber geschilderten Beziehungsabhängigkeit unterscheidet? Diesen Fragen werde ich in diesem Exkurs nachgehen.

Eine keineswegs seltene Form von Abhängigkeit zeigt sich bei Menschen, die sich an ihren Partner oder ihre Partnerin binden, weil sie unsicher sind und befürchten, »immer alles falsch zu machen«. Diese Art von Beziehung und die zumeist ablehnenden Reaktionen des sozialen Umfelds schildere ich im zweien Kapitel.

Oft kommt es auch deshalb zu Abhängigkeit in Beziehungen, weil Menschen es nicht aushalten, allein zu sein. Auch hier sind die Reaktionen anderer meist ablehnend. Um eine solche Beziehungsdynamik geht es in Kapitel drei.

Mitunter kann die Abhängigkeit eine Intensität annehmen, die bei der Umgebung ungläubiges Kopfschütteln auslöst. In einer solchen Situation befindet sich der Mann, dessen Schicksal ich im Kapitel vier darstelle. Er hat zwar selbst den Eindruck, sich um Kopf und Kragen zu bringen. Aber er kann von seiner Bezugsperson nicht lassen.

Manchmal machen sich Menschen von anderen abhängig, weil sie Angst haben, anderen zu widersprechen. Sie möchten keine Konflikte haben und passen sich übermäßig an, riskieren dafür aber, kritisiert zu werden, man wisse bei ihnen nie, woran man sei. Dies ist das Thema von Kapitel fünf.

Nicht immer werden indes die Unsicherheit und Ängstlichkeit, die einer Abhängigkeitsbeziehung oft zugrunde liegen, sichtbar. In Kapitel sechs stelle ich eine Person vor, die nach außen gerade das Gegenteil darstellt: Sie kämpft – aus Angst vor Abhängigkeit – in überkompensierender Weise vehement für ihre Unabhängigkeit und wird von anderen auch als unabhängig wahrgenommen.

Abhängigkeitsbeziehungen entwickeln sich nicht immer nur zwischen zwei Personen, sondern können auch zwischen einem Individuum und einer Gruppe entstehen. In Kapitel sieben schildere ich die Schwierigkeit einer jungen Frau, die Mitglied einer charismatisch-fundamentalistischen Freikirche ist, sich aus der Abhängigkeit von dieser Gruppierung wieder zu befreien.

Das »Hotel Mama« ist ein Bild, das in der Gegenwart vielfach vor allem für junge Männer verwendet wird, die, mitunter weit bis ins Erwachsenenalter hinein, im Elternhaus verweilen. Diesem Thema ist das Kapitel acht gewidmet.

Bei den stoffgebundenen Abhängigkeiten ist in Bezug auf die Angehörigen oft die Rede von Co-Abhängigkeit. Auch im Bereich der Beziehungsabhängigkeit gibt es derartige Konstellationen. Hier steht, wie in Kapitel neun beschrieben, das sich anklammernde Verhalten der einen Person dem Bedürfnis des Partners, sie zu »retten«, gegenüber.

Da in der Gegenwart der Internetkonsum eine immer größer werdende Rolle bei Erwachsenen, aber auch bei Jugendlichen und sogar Kindern spielt, habe ich in Kapitel zehn die Situation eines exzessiven Chattens auf Sexseiten beschrieben. Die Betreffenden täuschen sich oft lange Zeit darin, wenn sie meinen, nicht vom Internetkonsum abhängig zu sein, während Angehörige und Freunde längst sehen, dass es hier um ein suchtartiges Verhalten geht.

Eine tragische Abhängigkeitsbeziehung besteht bei Menschen, die zwar vom Kopf her wissen, dass sie sich in einer für sie unheilvollen Beziehung befinden, deren Gefühle sich aber »querstellen«, so dass sie wider besseres Wissen und entgegen allen Ratschlägen ihres sozialen Umfelds in dieser destruktiven Beziehung ausharren. Eine Situation dieser Art schildere ich in Kapitel elf.

Ich möchte diesen Ratgeber nicht abschließen, ohne etwas ausführlicher auf die Möglichkeiten einzugehen, wie Menschen sich aus Abhängigkeitsbeziehungen, wie ich sie hier schildere, befreien können. Diesem Thema ist das zwölfte Kapitel gewidmet.

Am Ende eines jeden Kapitels werden die wichtigsten Aspekte noch einmal zusammengefasst und »auf den Punkt gebracht«. Außerdem formuliere ich Hinweise für ein konstruktives Verhalten unter den Rubriken »Was Sie als beziehungsabhängige Person tun können« sowie »Was Sie als Angehöriger oder Freundin tun können«.

Den Abschluss des Ratgebers bildet eine kurze thesenartige Zusammenfassung der Hauptthemen. Ganz am Ende finden Sie Angaben zu weiterführender Literatur.

Möge dieser Ratgeber eine Hilfe sein, zu einem sensiblen Umgang mit dem Phänomen »Beziehungsabhängigkeit« zu finden, und dazu beitragen, problematische Beziehungsmuster aufzulösen, damit Paare in Liebe an- und miteinander wachsen können.

*Im Frühjahr 2021*
*Udo Rauchfleisch*

# 1. Was ist Beziehungsabhängigkeit?

Das Phänomen der Beziehungsabhängigkeit ist weitverbreitet. Es umfasst ein breites Spektrum, das von Wünschen, sich an andere Menschen anzulehnen und sich ihnen weitgehend zu überlassen, bis hin zu quälenden Abhängigkeiten emotionaler und finanzieller Art reicht. Oft bemerken die betreffenden Menschen selbst nicht, dass sie sich in einer Abhängigkeitsbeziehung befinden, und auch die Umgebung steht unter dem Eindruck, die beiden betreffenden Menschen verbinde eine innige Beziehung, die aber keinerlei Abhängigkeit voneinander erkennen lässt.

Erst wenn es zu Konflikten zwischen den beiden Partnern kommt oder wenn die eine oder die andere Person sich eingeengt und in ihrer Entwicklung behindert fühlt, taucht die Frage auf, ob es hier um eine Abhängigkeitsdynamik geht. Oft wird auch erst im Augenblick der Trennung sichtbar, dass der Abschied voneinander nicht in angemessener Weise gelingt, sondern mitunter jahrzehntelang tiefe Wunden hinterlässt und der abhängigen Person erst dann klar wird, in welchem starken Maße sie sich an die Partnerin oder den Partner gebunden hat.

Wenn es um eine Abhängigkeitsstörung mit Krankheitswert geht, sprechen wir von einer *abhängigen/dependenten/asthenischen »Persönlichkeitsstörung«*, wie sie in den internationalen Diagnosekatalogen ICD und DSM beschrieben werden. Schätzungen gehen davon aus, dass in den westlichen Ländern etwa 2,5% der Gesamtbevölkerung darunter leiden. Die Häufigkeit des Auftretens bei Frauen und Männern ist ungefähr gleich.

Ein Vergleich der Merkmale, die in der ICD-10 und im DSM-5 genannt werden, zeigt hinsichtlich der Symptome der abhängigen Persönlichkeitsstörung weitgehende Übereinstimmungen. Es spielen vor allem die *Angst* und die *Gefühle der Hilflosigkeit und Ohnmacht* eine zentrale Rolle. Menschen mit einer abhängigen/dependenten Persönlichkeitsstörung werden als *selbstunsicher* und in starkem Maße *auf*

*Unterstützung durch andere angewiesen* und unter *Versagensängsten* leidend geschildert.

Obwohl dies in den Diagnosekatalogen ICD und DSM nicht erwähnt wird, liegt es nahe, als Grundlage einer solchen Entwicklung eine zentrale *Selbstwertstörung* zu vermuten, die sich in Ängstlichkeit, Unsicherheit, mangelndem Selbstvertrauen und Angewiesensein auf Bestätigung und Unterstützung durch andere manifestiert. Auch die Angst vor dem Zerbrechen von Beziehungen passt in das Bild einer solchen verletzbaren Persönlichkeit mit einem instabilen Selbstwertgefühl.

Eine Folge der Selbstunsicherheit dieser Menschen ist ihre Neigung, sich an ihre Bezugspersonen anzuklammern, sind sie doch auf deren Bestätigung und Unterstützung angewiesen. Aus diesem Grund passen sie sich oft extrem an andere Menschen an und sind unfähig, eigene Vorstellungen zu entwickeln und durchzusetzen. Mitunter wird ihnen deshalb auch eine »mangelnde Willenskraft« unterstellt und es wird ihnen vorgeworfen, sie seien »überangepasst« und würden sich, im Positiven wie im Negativen, jeweils völlig an den Meinungen und dem Verhalten der Menschen ihres sozialen Umfelds orientieren.

Nicht immer leiden Menschen mit derartigen Persönlichkeitszügen indes unter einer Persönlichkeitsstörung mit Krankheitswert. Bei einer weniger ausgeprägten Form der Abhängigkeit sprechen wir von einem *»dependenten Persönlichkeitsstil«*.[2] Zu dieser Gruppe gehört eine weitaus größere Zahl von Menschen, die in ihren Beziehungen eine Abhängigkeitsdynamik aufweisen. Es sind Personen, die gewisse Züge der Abhängigkeit zeigen, anderen gegenüber sehr loyal sind, ihre eigenen Wünsche denen anderer Menschen unterordnen und gegenüber ihnen nahestehenden Menschen sehr anhänglich sind. Sie können sich gut in andere Menschen hineinversetzen und mit ihnen kooperieren, zeichnen sich durch große Hilfsbereitschaft und Selbstlosigkeit aus und sind im Allgemeinen beliebt.

Verglichen mit den großen Selbstwertproblemen von Menschen mit einer abhängigen Persönlichkeitsstörung ist das Selbstwertgefühl von Personen mit einem dependenten Persönlichkeitsstil stabiler. Auch wenn sie ebenfalls ängstlich, unsicher und unselbstständig sind, weisen sie im Allgemeinen doch eine größere Unabhängigkeit von ihrem sozialen Umfeld auf und passen sich nicht in dem extremen Ausmaß anderen an wie Menschen mit einer abhängigen Persönlichkeitsstörung. Indes sind die Übergänge zwischen der dependenten Persönlichkeits*störung* im engeren Sinne und dem dependenten Persönlichkeits*stil* fließend.

Die folgenden Merkmale kennzeichnen Menschen mit einem dependenten Persönlichkeitsstil:

- große Angst, Verantwortung zu übernehmen,
- bei Missgeschicken anderen die Verantwortung dafür geben,
- Zurückstellen eigener Bedürfnisse und große Nachgiebigkeit gegenüber den Wünschen anderer, um sich deren Zuwendung zu erhalten,
- Schwierigkeit, Entscheidungen zu treffen, und Angewiesensein auf Bestätigung durch andere,
- Angst, eine eigene Meinung zu vertreten,
- sich selbst als schwach, hilflos und inkompetent erleben,
- Angst, verlassen zu werden, und anklammerndes, symbiotisches Verhalten anderen gegenüber.

Die *Ursachen* der Ausbildung eines dependenten Persönlichkeitsstils sind vielfältiger Art. Neben gewissen *hereditären Komponenten*[3], also vererbten Dispositionen, werden *Faktoren im sozialen Umfeld* genannt, etwa Zurückweisung und Entmutigung im Elternhaus und in der Schule sowie das Erleben von Mobbing und Ausgrenzung. Auch ein extrem ängstliches, dem Kind nichts zutrauendes Milieu mit einem übertrieben fürsorglichen »overprotective« Erziehungsstil kann zu derartigen Persönlichkeitszügen führen. Als das Gemeinsame dieser Faktoren können wir annehmen, dass diese Menschen nicht bedingungslos, nicht um ihrer selbst willen geliebt, akzeptiert und ermutigt worden sind und aus diesem Grund kein stabiles Selbstwertgefühl entwickeln konnten.

Es wäre indes eine verhängnisvolle Fehlinterpretation, wenn wir aus dieser Formulierung den Schluss zögen, die Eltern seien »schuld« an der so verlaufenen Entwicklung ihrer Kinder. Auch wenn die später unter einer Beziehungsabhängigkeit leidenden Menschen in ihrer Kindheit und Jugend nicht die nötige Bestätigung und Ermutigung erhalten haben, die für den Aufbau eines stabilen Selbstwertgefühls notwendig sind, kann man dies nicht einfach den frühen Bezugspersonen als persönliches Versagen anlasten. Ursächlich bestehen hier zwar Zusammenhänge. Wir würden mit einer solchen Sicht jedoch der Realität dieser Familien nicht gerecht. Im Allgemeinen haben wir es in diesem Fall mit Eltern zu tun, die aufgrund von ökonomischen Problemen, Konflikten in ihren Ehen und eigenen psychischen Schwierigkeiten nicht in der Lage waren, ihren Kindern gerecht zu werden. Zur Entmutigung der Kinder kann auch beigetragen haben, dass die Eltern aus einem bildungsfernen Milieu stammten, den Forderungen, welche die Schule an ihre Kinder stellte, hilflos gegenüberstanden, und durch ihre sozial instabile Position selbst verunsichert waren. Solche Eltern können ihren Kindern beim besten Willen kein Selbstvertrauen vermitteln. Ich werde bei der Schilderung der verschiedenen Beispiele noch ausführlicher auf diese Fragen eingehen.

## Exkurs: Ist Liebe nicht immer eine Art von Abhängigkeit?

Beim Lesen der bisherigen Ausführungen mögen Sie sich gefragt haben, ob es nicht eine allzu einseitige negative Sicht ist, wenn ich von Abhängigkeit spreche und es doch eigentlich um eine »ganz normale Liebe« gehen könnte. Stellt Liebe nicht immer eine Form von Abhängigkeit dar? Machen wir uns, wenn wir uns auf »echte Liebe« einlassen, nicht gegenseitig und sogar mit Wonne voneinander abhängig?

Solche Fragen sind durchaus berechtigt. Denn vor allem das Anfangsstadium einer Liebesbeziehung mit dem Zustand der Verliebtheit trägt Züge, die für Nicht-Beteiligte oft geradezu pathologisch anmuten. Denken Sie an das »rauschartige« Gefühl, das uns in der ersten Verliebtheit erfüllt. Schon die Bezeichnung »rauschartig« deutet die Nähe zur Sucht an.

Auch die körperlichen »Symptome« des Herzklopfens, des Errötens und der Schweißausbrüche, welche die Gegenwart oder nur schon der Gedanke an die geliebte Person auslösen, zeigen Gemeinsamkeiten mit der Alkohol- und Drogenabhängigkeit. Pathologisch erscheint Außenstehenden auch die totale Einengung des Denkens und der Aufmerksamkeit auf die geliebte Person sowie die Unfähigkeit, realistische Urteile zu fällen und ausgewogene Entscheidungen zu treffen, wenn die Liebe uns sprichwörtlich »blind« macht. Beispiele dafür werde ich Ihnen noch in späteren Kapiteln schildern.

Liebeskummer und Trennungsschmerz können die davon betroffenen Menschen körperlich und psychisch Höllenqualen durchleben lassen und die Sehn-Sucht nach dem unerreichbaren geliebten Menschen kann man mit Recht mit den Abstinenzsymptomen des Drogen- oder Alkoholabhängigen vergleichen, dem das Suchtmittel nicht zugänglich ist. Ähnlich ist es bei Menschen mit Verhaltenssüchten, etwa Spielsüchtigen oder süchtigem Internetkonsum (vgl. Kapitel 10). Im Fall der Sucht ist die hier bestehende Abhängigkeit eklatant. Wir sprechen deshalb ja auch von »Abhängigkeits«erkrankungen.

Sind Zustände des Verliebtseins und der Liebe also identisch mit der emotionalen Abhängigkeit, wie die Menschen, um die es in diesem Ratgeber geht, sie erleben? Meine Antwort lautet: Nein. Sicher nicht! Es gibt zwar Ähnlichkeiten, vor allem im Stadium der ersten Verliebtheit. Aber auch dann besteht ein wesentlicher Unterschied in der Tatsache, dass Verliebtheit und Liebe im Allgemeinen einen Gefühlszustand darstellen, an dem *beide Interaktionspartner in gleicher Weise* beteiligt sind. Die emotionale *Abhängigkeit* hingegen ist – ganz besonders in Hörigkeitsbeziehungen (vgl. Kapitel 4) – ein *einseitiger* Gefühlszustand.

Wir sprechen von einer Liebesbeziehung, wenn zwei Menschen in einem partnerschaftlichen Verhältnis zueinander stehen, sich also auf Augenhöhe begegnen und die Autonomie des/der anderen respektieren. Sie mögen einander zwar sagen: »Ich tue alles für dich«, »Ich kann ohne dich nicht leben«, oder: »Du bist ein Teil von mir.« Trotz des starken Gefühls der Verbundenheit, das in solchen Formulierungen zum Ausdruck kommt, bleibt aber immer noch eine gewisse Grenze zwischen den Liebenden bestehen. Diese Grenze mag zwar in gewissen Momenten der innigen Nähe oder der rauschartigen sexuellen Ekstase verschwimmen. Aber schon bald etabliert sich die Grenze wieder, ohne dass das Gefühl der Zusammengehörigkeit zerstört würde.

Die Gleichwertigkeit und Gegenseitigkeit der Gefühle von Liebenden haben seit Urzeiten die Dichterinnen und Dichter beschäftigt. Eindrücklich beschreibt Karl Friedrich Wilhelm Herrosee (1754–1821) diese wechselseitige enge Verbindung in seinem bekannten Gedicht »Ich liebe dich, so wie du mich«, dessen erste Strophe lautet:

»Ich liebe dich, so wie du mich,
Am Abend und am Morgen,
Noch war kein Tag, wo du und ich
Nicht teilten unsre Sorgen.«

In diesem Gedicht, das später von Ludwig van Beethoven vertont wurde, werden die *Zeitlosigkeit* (»am Abend wie am Morgen«) und die *Gegenseitigkeit* der Liebe (»... so wie du mich«) sowie die gegenseitige Sorge der Liebenden um- und füreinander (»... teilten unsre Sorgen«) dargestellt. Es ist eine *Beziehung auf Augenhöhe*, die sich durch Partnerschaftlichkeit auszeichnet.

Anders ist es hingegen in *Abhängigkeitsbeziehungen*. Hier besteht charakteristischerweise keine Partnerschaftlichkeit, und die Autonomie von beiden an der Beziehung Beteiligten ist nicht gewährleistet, und zwar deshalb nicht, weil solche Abhängigkeitsbeziehungen *einseitiger Art* sind. Oft bestehen sie nur in der Vorstellung und in den Gefühlen der abhängigen Person, während der andere Interaktionspartner gefühlsmäßig wenig bis unter Umständen gar nicht beteiligt ist. Dies gilt in besonderem Maße für Beziehungen vom Charakter der Hörigkeit (vgl. vor allem Kapitel 4 und 11). In diesem Fall erlebt der bestimmende Partner unter Umständen sogar überhaupt keine positiven Gefühle und verfolgt aus egoistischen Motiven ausschließlich das Ziel, die abhängige Person auszunutzen.

Menschen mit einer Neigung zu Abhängigkeitsbeziehungen befinden sich im Grunde in einem höchst *ambivalenten* Zustand: Einerseits begeben sie sich in Abhängigkeitsverhältnisse und fühlen sich unfähig, ohne die ihnen aus solchen Beziehungen erwachsende Absicherung zu leben. Deshalb bezeichnen wir sie ja auch als »abhängige« Persönlichkeiten. Andererseits aber fürchten sie gerade diese Abhängigkeit und sind eigentlich permanent auf der Flucht vor ihr.

Diese Zwiespältigkeit ist insofern verständlich, als die dependenten Menschen spüren, dass sie sich in den Abhängigkeitsbeziehungen verlieren, sich bis zur Selbstaufgabe an andere Personen anpassen, ihre eigene Autonomie unterhöhlen und damit ihre Eigenständigkeit einbüßen. Sie suchen die symbiotische Nähe und fliehen gleichzeitig davor, so dass ihr Leben ein permanenter Kampf zwischen der Sehnsucht nach intensiver Beziehung und der gleichzeitig bestehenden Angst vor eben dieser Nähe ist. Es ist ein tief in ihrer Persönlichkeit verwurzelter Konflikt, den Burnham und Mitarbeiter[4] als »Sehnsuchts-Angst-Dilemma« beschrieben haben.[5]

Psychisch reife Menschen sind dagegen in der Lage, sich in intensiven emotionalen Beziehungen ein Stück weit in Abhängigkeit zu begeben. Charakteristischerweise geschieht dies ohne Angst, sich dadurch an die Partnerin bzw. den Partner zu verlieren und die eigene Individualität auszulöschen. Zu einer solchen positiven Abhängigkeit sind Menschen fähig, die ein stabiles Selbst ausgebildet haben, das ihnen Konstanz und Kohärenz vermittelt. Sie haben ihre eigene Mitte gefunden, die ihnen eine sichere Basis bietet, von der aus sie sich auf eine intensive Liebesbeziehung einlassen und sich einem anderen Menschen überlassen können.

## 2. »Ich mache immer alles falsch!« – »Ich habe genug von ihrer andauernden Fragerei!«

Eine der großen Schwierigkeiten im Leben von beziehungsabhängigen Menschen ist, dass sie unter dem Eindruck stehen, *»immer alles falsch zu machen«*. Wie in Kapitel 1 beschrieben, sind diese Menschen aufgrund ihrer großen Unsicherheit von dem Gefühl beherrscht, permanent Fehler zu machen, sich »dumm anzustellen« und deswegen von ihrem sozialen Umfeld Vorwürfe gemacht zu bekommen. Die einzige Möglichkeit, sich davor zu schützen, scheint ihnen darin zu liegen, sich permanent Rückversicherung bei anderen Menschen zu holen. Aber selbst diese Absicherungen vermögen ihre Zweifel und ihre Unsicherheit nicht aus der Welt zu schaffen. Insofern ist die Rückversicherung letztlich ein *Fass ohne Boden.*

Annika Müller leidet seit ihrer Kindheit unter dem quälenden Gefühl, nichts recht zu machen und immer die falsche Wahl zu treffen, um was es auch geht. Waren es in Kindheit und Jugend ihre extreme Unsicherheit und dauernden Selbstzweifel, die sie vor jeder Entscheidung zurückschrecken ließen, so äußert sich ihre Unsicherheit heute in Form eines unstillbaren Dranges, sich bei allem und jedem, auch bei – von außen gesehen – noch so unwichtigen Entscheidungen, bei ihren Bezugspersonen rückzuversichern, dass diese ihre Wahl richtig ist.

In der Schulzeit fiel Annika ihren Lehrerinnen und Lehrern dadurch auf, dass sie am Ende der Schulstunden immer wieder mit der Lehrperson ein Gespräch zu führen versuchte, in dem sie bestätigt bekommen wollte, dass das, was sie sich während des Unterrichts notiert hatte, richtig war. Anfangs erhielt sie dafür sogar Anerkennung, weil sie so bestrebt schien, gute Leistungen zu erbringen. Doch schon bald empfanden die Lehrerinnen und Lehrer das Verhalten der Schülerin als aufdringlich und anspruchsvoll und versuchten, diese Gespräche kurz zu halten bzw. sie schließlich total zu unterbinden.

Annika erlebte diese Distanzierung der Lehrpersonen als kränkende

Zurückweisung und reagierte darauf mit verschiedenen anderen Versuchen, sich die Rückversicherung zu holen, die sie benötigte, um sich wenigstens für kurze Zeit sicher zu fühlen. So meldete sie sich während des Unterrichts immer wieder und bat beispielsweise die Französischlehrerin darum, den Satz, den Annika eben geschrieben hatte, anzuschauen und ihr zu sagen, ob alles richtig sei. Oder sie legte dem Mathematiklehrer ihr Heft mit den Hausaufgaben am Ende der Stunde auf das Pult und bat, er möge die Lösungen auf ihre Richtigkeit überprüfen, und verließ, noch ehe der Lehrer sie zurückrufen konnte, das Klassenzimmer. Als er sie bei einem dieser Versuche, ihn zu zwingen, die Aufgaben zu kontrollieren, zurückrief, brach sie in Tränen aus und flehte ihn an, ihr zu sagen, ob sie alles richtig gemacht habe.

Den Lehrerinnen und Lehrern fiel auch auf, dass Annika sich weigerte, mit Tinte oder einem Kugelschreiber zu schreiben, sondern darauf bestand, einen Bleistift zu benutzen. Dabei schrieb sie mit schwachem Druck und extrem klein, so dass die Lehrpersonen große Mühe hatten, ihre Schrift zu lesen. Oft mussten sie mehr raten als dass sie wissen konnten, was die Schülerin geschrieben hatte. Einer Lehrerin, zu der Annika ein gewisses Vertrauen hatte, gestand sie einmal in einem Gespräch, sie schreibe nur mit dem Bleistift, weil sie dann das Geschriebene jederzeit ausradieren könne. »Denn sicher ist es falsch, was ich geschrieben habe. Und wenn ich es ausradiere, sieht es keiner, dass es vorher falsch war.«

Annikas Eltern legten großen Wert auf gute schulische Leistungen ihrer Tochter. Die Mutter hatte keinen Beruf erlernen können und trug durch Putzarbeiten zum Unterhalt der Familie bei. Der Vater hatte eine Lehre als Elektromechaniker absolviert und sich in der Firma, in der er seit Abschluss der Lehre tätig war, zum Vorarbeiter emporgearbeitet. Obwohl sie finanziell ein gutes Auskommen hatten, waren beide Eltern sehr unzufrieden mit ihrem Leben. So vermieden sie in Gesprächen mit Fremden jeglichen Hinweis auf ihre Berufstätigkeiten und schärften Annika ein, mit niemandem darüber zu sprechen. Annika war klar, dass sich die Eltern ihres sozialen Status schämten.

Damit es ihre Tochter einmal besser hätte als sie, so die Begründung der Eltern, legten sie größten Wert darauf, dass Annika gute Schulleistungen erbrachte. »Gut« hieß für die Eltern jedoch nicht die Note »gut« oder »befriedigend«, sondern es musste unbedingt und in allen Tests und Prüfungen ein »sehr gut« sein. Aus diesem Grund war der Schulalltag für Annika eine permanente Belastung und sie zitterte vor jeder Prüfung und jedem Zeugnis.

Wenn die Leistungen der Tochter nicht dem hohen Anspruch der Eltern genügten, strafte die Mutter sie mit tage- bis wochenlangem Schweigen. Es waren sogenannte »stille Wochen«, in denen die Mutter der Tochter nur die nötigsten Informationen mitteilte. Kein »Guten Morgen« oder »Gute Nacht« und keine Verabschiedung, wenn Annika das Haus verließ. Bei den Mahlzeiten unterhielten sich die Eltern miteinander so, als ob Annika gar nicht anwesend wäre. Wenn sie mitunter versuchte, sich in das Gespräch einzuklinken, reagierten die Eltern überhaupt nicht darauf und redeten weiter, als ob Annika gar nichts gesagt hätte. Es liegt auf der Hand, dass dieses elterliche Verhalten, das einem Psychoterror gleichkam, eine die Tochter zutiefst traumatisierende Situation war.

Dies hatte zur Folge, dass Annika Müller im Verlauf ihrer weiteren Entwicklung immer ängstlicher und unsicherer wurde. Mitunter dachte sie, sie würde sich vor der harschen Kritik der Eltern schützen können, wenn sie sie um Rat fragen würde. Die Eltern verweigerten ihr jedoch im Allgemeinen jeglichen Rat und wiesen die Tochter darauf hin, das müsse sie alleine wissen. Tatsächlich waren sie aber in vielerlei Hinsicht selbst sehr verunsichert und waren gar nicht in der Lage, Annika in schulischer Hinsicht oder später bei beruflichen Problemen in irgendeiner Weise zu unterstützen.

Die Folge war eine extreme Verunsicherung von Annika. Als sie nach Abschluss der Schule eine Lehre als kaufmännische Angestellte aufnahm, zogen sich die Eltern völlig von ihr zurück und ließen sie spüren, dass sie die Eltern durch diese Berufswahl, welche die Eltern als »minderwertig« empfanden, zutiefst enttäuscht und verletzt hatte.

In der Ausbildung durchlitt Annika die gleichen Qualen wie in der Schulzeit und versuchte nun geradezu verzweifelt, von anderen, ihr nahestehenden Personen Unterstützung zu erhalten. Durch ihr aufdringliches Verhalten, das sie dabei zeigte, erreichte sie jedoch, wie bei ihren Lehrerinnen und Lehrern, nur das Gegenteil: Nachdem Freundinnen und Kolleginnen ihr anfangs versuchten zu helfen, empfanden sie Annikas andauerndes Nachfragen und ihre permanenten Rückversicherungsversuche schon bald als lästig und zogen sich zurück. Annika Müller fühlte sich dadurch nicht nur im Stich gelassen und gekränkt, sondern interpretierte den Rückzug der betreffenden Personen auch als Bestätigung ihrer seit der Kindheit bestehenden, tief in ihr verwurzelten Befürchtung: »Ich mache immer alles falsch.«

Als sie einer älteren Arbeitskollegin in einem Gespräch von dieser Befürchtung berichtete, war diese sichtlich erschüttert von dem, was ihr die junge Frau erzählte. Schließlich fragte sie Annika, ob sie spüre, aus welchem Grund sie sich dauernd rückversichern müsse, ob sie es richtig mache. Annika Müller war über diese Frage höchst erstaunt, denn sie selbst hatte dieses Verhalten bisher nie als problematisch empfunden. Obwohl ihr rational klar war, dass nicht alle Menschen ihrer Umgebung sich wie sie selbst verhielten, war sie bis jetzt nie auf den Gedanken gekommen, ihre Angst vor Entscheidungen und ihr permanentes, geradezu verzweifeltes Suchen nach Bestätigung könnten Ausdruck psychischer Probleme sein. Völlig verwirrt war sie schließlich, als die Kollegin die Vermutung äußerte, ob Annika vielleicht Angst davor habe, die Konsequenzen des eigenen Handelns zu tragen, und sich deshalb dauernd rückversichern wolle, ob sie es richtig mache.

Das hier geschilderte Beispiel von Annika Müller zeigt etliche der typischen Gefühle und Verhaltensweisen von beziehungsabhängigen Menschen: Große Unsicherheit und Selbstzweifel sowie das Gefühl »Ich mache immer alles falsch« durchziehen das Leben von Annika Müller wie ein roter Faden. Charakteristisch ist auch ihr extremes Bemühen, ihre Unsicherheit dadurch zu kompensieren, dass sie sich bei anderen Menschen rückversichert, ob sie es richtig macht.

Auch die Reaktionen des sozialen Umfelds, der Lehrerinnen und Lehrer ebenso wie die ihrer Kolleginnen und Freunde, sind charakteristisch. Auch Sie als Angehöriger oder Freundin werden erlebt haben, dass Sie sich zunächst sehr aufgerufen gefühlt haben, Ihre dependente Freundin zu unterstützen, in der Hoffnung, sie würde dadurch mehr Selbstsicherheit gewinnen.

Schon bald aber haben Sie sich vermutlich durch das andauernde Nachfragen ihrer Freundin und ihr fast unerbittliches Daraufbestehen, einen Rat zu bekommen oder in ihrem Handeln bestätigt zu werden, in die Enge gedrängt gefühlt, so wie die Lehrer und Kolleginnen von Annika Müller. Auch wenn es Ihnen vielleicht ein schlechtes Gewissen bereitet hat oder Ihre Freundin Ihnen leidgetan hat, haben Sie sich daraufhin wahrscheinlich mehr und mehr zurückgezogen. Dies umso mehr, als Sie im Laufe der Zeit die Erfahrung gemacht haben, dass alle Ihre Unterstützung der dependenten Freundin letztlich nichts gebracht hat. Ihre Unsicherheit und ihre Selbstzweifel lassen sich durch nichts von außen kompensieren.

Interessant und zum Verständnis der psychischen Situation von Menschen wie Annika Müller ist auch die Art, wie sie schreibt: Von Kindheit an bis ins Erwachsenenalter hat sie sich standhaft geweigert, mit Tinte oder Kugelschreiber zu schreiben, sondern hat immer nur einen Bleistift benutzt. Charakteristisch für beziehungsabhängige Menschen ist auch die Begründung, die sie einer Lehrerin anvertraut: Annika fürchtet, einen Fehler zu machen und dann gleichsam darauf »festgenagelt« zu werden, wenn sie das Geschriebene mit Tinte oder Kugelschreiber zu Papier bringt. Die Verwendung eines Bleistifts ermöglicht es ihr hingegen, das Falsche auszuradieren und damit wie ungeschehen zu machen. Ihre Hoffnung ist, dass dann später niemand feststellen kann, dass sie einen Fehler gemacht hat.

Eine ähnliche Funktion hat auch ihre extrem kleine, druckschwache Schrift. Einerseits ist sie Ausdruck ihrer unsicheren, von Selbstzweifeln erfüllten Persönlichkeit – wir sprechen bei dependenten Menschen ja mitunter auch von »asthenischen« Persönlichkeiten (von griech. *asthenés*: schwach, kraftlos, matt). Andererseits dient die winzige, oft kaum lesbare Schrift Annika Müller aber auch dazu, sich alles offen zu halten und es denen, die etwas von ihr Geschriebenes lesen wollen, schwer zu machen, sie auf eine bestimmte Schreibweise festzulegen. Wenn sich herausstellt, dass sie einen orthografischen Fehler gemacht hat, kann sie sich immer durch den Hinweis, die andere Person habe ihre Schrift nicht richtig gelesen, aus der Affäre ziehen.

In diesem Verhalten wird ein weiterer Persönlichkeitszug von beziehungsabhängigen Menschen erkennbar: Wegen ihrer großen Unsicherheit und ihrer permanenten Angst, etwas falsch gemacht zu haben, versuchen sie mit allen Mitteln, nicht »haftbar« – so ihr Gefühl – für das gemacht werden zu können, was sie getan haben. Sie fühlen sich unfähig, die Konsequenzen für ihr Handeln zu tragen.

Eine Strategie, sich dieser Verantwortung zu entziehen, ist für Annika Müller die winzige, druckschwache, fast nicht lesbare Schrift.

Um Konsequenzen und Verantwortung für das eigene Handeln übernehmen zu können, brauchte es einen Reifegrad der Persönlichkeit, den Menschen wie Annika Müller im Allgemeinen nicht erreicht haben. In Anbetracht der extremen, mit aller Härte durchgesetzten Forderungen, die ihre Eltern an sie gerichtet haben, war ihr eine ungestörte Entwicklung zu einer reifen Persönlichkeit nicht möglich gewesen. Ihre Eltern hatten zum einen ihre eigenen, nicht erfüllten Wünsche auf die Tochter übertragen, die diese den Eltern verwehrt gebliebenen Ziele unter allen Umständen erreichen sollte. Zum anderen waren die Eltern aber auch selbst unsicher und unfähig, ihrer Tochter die nötige Unterstützung zu geben.

Der Ursprung solcher Entwicklungen ist oft ein höchst ambivalentes Verhalten der Eltern, wie es auch Annika Müllers Eltern zeigen: Auf der einen Seite fordern sie von ihrem Kind einen Grad von Selbstständigkeit, der weit über das hinausgeht, was das Kind in der jeweiligen Entwicklungsphase zu leisten vermag, und stoßen es zurück, wenn es sich hilfesuchend an sie wendet. Annika Müller musste dies schmerzhaft erleben, als die Eltern ihr – aufgrund ihrer Enttäuschung über die Tochter – bei ihrer Unsicherheit, welchen beruflichen Weg sie einschlagen soll, entgegenhielten, das müsse sie alleine entscheiden.

Auf der anderen Seite binden solche Eltern ihre Kinder aber auch an sich, indem sie ihnen Schuldgefühle einflößen und sie durch Liebesentzug (siehe die »stillen Wochen«, die in Annikas Familie ein gängiges Mittel der Strafe waren) »in die Knie zwingen«. Die Folge ist, dass diese Kinder sich nicht zu selbstständigen, selbstverantwortlichen Menschen entwickeln können, sondern in ihrer Autonomie beschnitten und eben dadurch unselbstständig und abhängig bleiben oder sogar noch immer tiefer in Abhängigkeiten gedrängt werden.

Wenn wir nach den Ursachen von Annika Müllers Abhängigkeitsentwicklung fragen, müssen wir diese unglückliche Konstellation von einerseits selbst unsicheren, mit sich unzufriedenen Eltern und andererseits einer total überforderten Tochter in Rechnung stellen. Selbstsicheren, mit ihrer persönlichen Situation zufriedenen Eltern wäre es vermutlich leichter gefallen, ihre eigenen Ambitionen zurückzustellen oder zumindest die eigenen Erwartungen nicht der Tochter aufzubürden.

Hinzu kommt, dass Annika Müller vielleicht von ihrem Naturell her eine sensible, nicht besonders durchsetzungsfähige Person war und deshalb den mit unerbittlicher Härte von den Eltern durchgesetzten Leistungsforderungen nichts entgegenzusetzen vermochte. Vielleicht war sie auch von ihren intellektuellen Fähigkeiten her von den Erwartungen der Eltern völlig überfordert. In dieser Situation hat sie möglicherweise nur darin einen Ausweg aus ihrem Dilemma gesehen, sich an ihre Bezugspersonen zu binden und sich permanent rückzuversichern, dass sie es richtig macht und ihre Bezugspersonen mit ihr zufrieden sind.

Annika Müller hätte vielleicht eine ganz andere Entwicklung durchlaufen, wenn sie eine »robustere« Persönlichkeit gewesen wäre, die den hochgeschraubten Erwartungen der Eltern besser hätte widerstehen können. Wenn dazu noch eine hohe Intelligenz hinzugekommen wäre, mit der sie in der Schule und später im Beruf brillante Erfolge errungen hätte, hätte sie vielleicht weniger Schaden gelitten. Dabei muss man allerdings berücksichtigen, dass der »Psychoterror«, den die Eltern über die Tochter beispielsweise mit den »stillen Wochen« ausgeübt haben, wahrscheinlich bei den meisten Kindern mehr oder weniger schwere seelische Verletzungen hinterlassen hätte.

Für Sie als Leserin bzw. Leser vielleicht erstaunlich – für Menschen mit einer Abhängigkeitsproblematik aber charakteristisch –, ist auch die Tatsache, dass sich Annika Müller selbst offenbar nie die Frage gestellt hat, ob ihre massiven Selbstzweifel und ihr daraus resultierendes Beziehungsverhalten Symptome psychischer Probleme sein könnten. Auch wenn sie sicher beobachtet hat, dass die Menschen ihrer Umgebung sich im Allgemeinen anders verhalten als sie selbst, sind ihre Gefühle und ihre zentrale Verunsicherung für sie offensichtlich etwas so »Selbstverständliches«, dass sich ihr die Frage nach einer psychischen Störung nie gestellt hat.

Oft suchen Menschen wie Annika Müller nicht von sich aus fachliche Hilfe, sondern werden von Angehörigen oder Freundinnen und Freunden dazu ermutigt, ja mitunter geradezu gedrängt. Wenn Sie selbst einen dependenten Beziehungsstil pflegen, leiden Sie vermutlich unter Ihren Ängsten und Unsicherheiten. Vielleicht hegen Sie in Bezug auf diese Gefühle aber die Meinung: »Ich bin halt so und muss so zurechtkommen.« Wenn Sie sich Gedanken um die Ursachen Ihrer sozialen Probleme machen, sind Sie vielleicht auch zu dem Schluss gekommen: »Die anderen sind gemein und wollen mir nicht helfen.«

Als Angehörige und Freundin einer dependenten Person können Sie wichtige Hilfe leisten, wenn Sie sie, wie die ältere Arbeitskollegin von Annika Müller, darauf ansprechen, was Ihnen an ihrem Verhalten auffällt. Da beziehungsabhängige Menschen, so wie Annika Müller im Beispiel, ihr Verhalten oft als »selbstverständlich« und »nicht veränderbar« betrachten, kann ein solcher Hinweis der betreffenden Person eine neue Perspektive eröffnen. Unter Umständen ermutigt Ihr Hinweis Ihre Angehörige oder Freundin auch, psychotherapeutische Hilfe zu suchen. In der therapeutischen Arbeit mit Menschen wie Annika Müller hat es sich bewährt, Angehörige einzubeziehen, die oft viel prägnanter als die Person selbst deren auffälliges Verhalten und Leiden schildern können.

### Auf den Punkt gebracht

- Einer Abhängigkeitsbeziehung können Angst und Unsicherheit zugrunde liegen.
- Beziehungsabhängige Menschen möchten um jeden Preis Konflikte vermeiden und passen sich deshalb anderen Personen im Übermaß an.
- Sie befürchten Strafe und Zurückweisung, wenn sie die Erwartungen anderer nicht erfüllen.
- Solchen Entwicklungen liegt eine Erziehung zugrunde, in der diese Menschen wenig ermutigt und oft überfordert wurden.
- Durch ihre Neigung, sich permanent rückzuversichern, dass sie es richtig und anderen recht machen, gehen sie Angehörigen und Freunden oft auf die Nerven.
- Sie selbst empfinden ihre Überangepasstheit oft als »selbstverständlich«.

### Was Sie als beziehungsabhängige Person tun können

- Versuchen Sie, mutig zu sein, und üben Sie sich in Selbstständigkeit.
- Halten Sie sich vor Augen, dass Ihre Befürchtung, immer alles falsch zu machen, nicht der Realität entspricht, sondern Ihrer subjektiven Angst entspringt.
- Nehmen Sie die Hinweise gutmeinender Angehöriger und Freunde, die Ihnen Mut machen, ernst.
- Resignieren Sie nicht, wenn Sie wahrnehmen, dass Sie sich über Jahre hin stark an andere Menschen angepasst haben. Seien Sie sich dessen bewusst, dass wir Menschen uns lebenslang weiterentwickeln können.

### Was Sie als Angehöriger oder Freundin tun können

- Unterstützen Sie die beziehungsabhängige Person so weit wie möglich in ihrer Selbstständigkeit.
- Auch wenn sie Ihnen mitunter auf die Nerven geht, haben Sie Geduld mit ihr.
- Wenn Sie den Eindruck haben, Ihre Angehörige oder Freundin braucht psychotherapeutische Hilfe, so schlagen Sie ihr das – taktvoll – vor. Bedrängen Sie sie nicht, sondern geben ihr einfach diesen »guten Rat«.

## 3. »Ich halte es nicht alleine aus!« – »Ich bin doch nicht sein Babysitter!«

Marc Schlüter war ein scheues, ängstliches Kind gewesen. Er hatte relativ alte Eltern gehabt. Seine Mutter war bei seiner Geburt schon Anfang 40, sein Vater 50 Jahre alt. Die Eltern hatten erst spät geheiratet und Marc war ihr einziges, heiß ersehntes Kind. Wegen ihres Alters bei Beginn der Schwangerschaft hatte Frau Schlüter in großer Angst geschwebt, unter Umständen ein behindertes Kind zur Welt zu bringen. Sie war deshalb überglücklich, bei den Schwangerschaftsuntersuchungen zu erfahren, dass das Kind, das sie erwartete, gesund sei. Die Eltern hatten große Freude, als Marc gesund zur Welt kam.

Die Tatsache, dass er das heiß ersehnte Kind relativ alter Eltern war, hatte einen stark prägenden Einfluss auf die Atmosphäre in der Familie. Marc war ein »schlechter Esser«, wie die Mutter schon früh dem Kinderarzt klagte. Sie gab sich zwar alle erdenkliche Mühe, ihn zum Essen zu animieren. Aber er blieb immer am unteren Rand des durchschnittlichen Gewichts von gleichaltrigen Jungen. Der Kinderarzt beruhigte Frau Schlüter, sie müsse sich deshalb keine Sorgen machen, Marc sei einfach ein »zartes« Kind. »Lassen Sie ihn erst einmal etwas älter werden, dann wird er schon noch ein stämmiger Junge«, war über Jahre hin der Rat des Kinderarztes. Frau Schlüter war dadurch aber keineswegs beruhigt, sondern kontrollierte regelmäßig Marcs Gewicht und schwebte permanent in Ängsten, Marc könnte krank werden.

Marc schlug aus der extremen Fürsorge seiner Mutter schon früh »Kapital«, indem er immer, wenn er an irgendetwas nicht teilnehmen wollte, vorgab, er fühle sich nicht wohl. Die Reaktion der Mutter darauf war regelmäßig: »Dann leg dich doch etwas hin und ruh dich aus.« Das Gleiche spielte sich ab, wenn Marc ein Gericht, das die Mutter kochen wollte, nicht mochte. Er verzog das Gesicht und behauptete, ihm werde übel. Auch hier die Reaktion der Mutter: »Dann koche ich dir etwas anderes, was du gerne hast.«

Der Vater empfand manche Reaktionen seiner Frau zwar »übertrieben« und äußerte einige Male die Befürchtung, sie würde Marc »verhätscheln«. Aber im Grunde war auch er ein eher ängstlicher Mann und stimmte deshalb seiner Frau letztlich zu, wenn sie Marc in dieser überbehütenden Weise behandelte.

Außer diesen Verhaltensweisen zeigte Marc in der Kindheit einige weitere Auffälligkeiten. So beschränkte sich bei ihm die Dunkelangst nicht, wie bei vielen anderen Kindern, auf einige Monate oder ein Jahr, sondern blieb seine ganze Kindheit über bestehen. Es war ihm unmöglich, im dunklen Zimmer zu schlafen. Die Tür seines Zimmers musste deshalb stets offen und das Licht im Flur an bleiben, und dies dauerte bis ins Erwachsenenalter an.

Außerdem schreckte Marc fast jede Nacht aus Albträumen auf, kam dann weinend ans Bett der Eltern und bat, bei ihnen schlafen zu dürfen, was die Mutter ihm erlaubte. Auch in dieser Hinsicht setzte sich Marcs Mutter dem Vater gegenüber durch, der immer wieder darauf drängte, Marc doch langsam daran zu gewöhnen, alleine zu schlafen. Frau Schlüter lehnte jeglichen Versuch in dieser Hinsicht aber strikt ab mit dem Argument, das sei »grausam dem armen Kind gegenüber«. Marc sei nun einmal ein »sensibles Kind«, das auf den Schutz der Eltern angewiesen sei.

Dies führte dazu, dass Marc bis zum Alter von 16 Jahren immer wieder einmal nachts ins Bett der Eltern flüchtete, wenn er es in seinem eigenen Bett, von Angst geplagt, nicht aushielt. Erst in diesem Alter wurde es auch seiner Mutter zu viel, und sie bestand darauf, dass der Sohn im eigenen Bett blieb, obwohl er auch dann noch in weinerlichem Ton vorbrachte: »Ich halte es allein nicht aus!«

Als Sechsjähriger litt Marc unter massivem Heimweh, wenn er auch nur für ein oder zwei Tage bei seiner Patin oder bei den Großeltern bleiben sollte. Er brach in Tränen aus, wenn dieses Thema auch nur angeschnitten wurde, und geriet geradezu in Panik, wenn die Eltern ihn davon zu überzeugen versuchten, dass ein Aufenthalt bei den Verwandten doch schön sein werde. Letztlich setzte der Sohn immer seinen Willen durch und machte auf diese Weise nie die Erfahrung, auch nur eine kurze Zeit ohne die Eltern sein zu können.

Zu einem Drama wurden Marcs Eintritt in den Kindergarten und später seine Einschulung. Schon Monate vor Beginn des Kindergartens brach Marc in Tränen aus, wenn die Eltern erwähnten, dass er nun ja bald in den

Kindergarten gehen werde. Geradezu verzweifelt stieß er bei solchen Gelegenheiten hervor, er wolle nicht in den Kindergarten, er wolle bei der Mama bleiben, er habe Angst vor den anderen Kindern. Die letzten Nächte vor dem Tag des Eintritts in den Kindergarten schlief Marc fast nicht, weinte herzzerreißend und hing den ganzen Tag über am Rockzipfel der Mutter.

Am Morgen, als Frau Schlüter Marc in den Kindergarten bringen wollte, klammerte er sich verzweifelt an sie, weinte, schrie aus Leibeskräften und wehrte sich mit Händen und Füßen dagegen, das Haus zu verlassen. Die Mutter zerrte ihn schließlich mit Gewalt ins Auto und fuhr mit ihm zum Kindergarten. Auch dort klammerte er sich an sie und weinte, so dass die Erzieherin der Mutter erlaubte, an diesem ersten Vormittag im Kindergarten zu bleiben. Marc wich jedoch nicht von ihrer Seite und lehnte jegliches Angebot der Erzieherin, am Spiel der anderen Kinder teilzunehmen, strikt ab. Das Gleiche wiederholte sich wochenlang, und es bedurfte schließlich der unmissverständlichen Aufforderung der Erzieherin an die Mutter, sofort wieder zu gehen, wenn sie Marc im Kindergarten abgegeben habe.

Bei der Einschulung spielten sich ähnliche Szenen ab. Auch jetzt klammerte sich Marc an die Mutter und reagierte in den ersten Tagen jeweils mit Weinen und Schreien, wenn sie ihn in der Schule zurückließ. In der Klasse war Marc eher ein Außenseiter. Zeitweilig wurde er auch Opfer eines massiven Mobbings. So machten sich seine Klassenkameraden etwa lustig über ihn wegen seiner »Empfindlichkeit« – Marc begann bei der geringsten Kritik, die er von den Lehrerinnen und Lehrern oder von den Klassenkameraden erfuhr, zu weinen. Oder sie beschimpften ihn als »Memme« und »Feigling«, weil er sich nie an Streichen beteiligte, welche die anderen machten. Ein halbes Jahr lang lauerten ihm sogar ältere Schüler auf dem Heimweg auf, zwangen ihn, ihnen Geld zu geben, damit sie ihn in Ruhe ließen, und schlugen ihn, wenn er ihre Forderungen nicht erfüllte. Hilfe brachte erst der Wechsel in eine Privatschule.

Marc durchlief die obligatorische Schule mit mittleren Leistungen. Weiterführende Schulen zogen die Eltern nicht in Betracht. Einerseits hatten sie den Eindruck, sie würden Marc damit überfordern, und andererseits signalisierte der Sohn ihnen auch, dass er so schnell wie möglich die Schule hinter sich bringen wolle. Als sich die Frage der Berufswahl stellte und Marc selbst keine Vorstellung von dem hatte, was ihn beruflich interessieren würde, schlug der Vater vor, Marc solle eine Lehre als Buchhalter im Betrieb eines Freundes der Eltern machen.

Die Frau dieses Mannes, die mit im Betrieb arbeitete, war Marcs Patin. Er willigte deshalb ein, die Ausbildung in diesem Betrieb zu machen. Da Schlüters seit vielen Jahren mit Marcs Vorgesetzten und dessen Frau befreundet waren, fühlte sich Marc in deren Betrieb einigermaßen wohl. Wegen seiner persönlichen Beziehung zu ihnen genoss er auch etliche Vorteile und wurde von ihnen sehr rücksichtsvoll, mitunter sogar ausgesprochen überbehütend behandelt.

Im Büro dieser Firma arbeitete auch Anna Frei, eine Frau, die 10 Jahre älter als Marc Schlüter war. Sie spürte schon bald, dass er sehr empfindsam, ängstlich und scheu war, und hatte den Eindruck, sie müsse sich seiner annehmen. Marc genoss es, auf diese Weise von allen Seiten Unterstützung und Rücksichtnahme zu erhalten. Im Verlaufe der Zeit entwickelte Anna Frei, die auch eher scheu war und bisher keine engeren Beziehungen zu einem Mann gehabt hatte, stärkere Gefühle für Marc. Er empfand die Versuche der Frau, sich ihm zu nähern, anfangs zwar unangenehm und mitunter direkt lästig. Völlig hilflos fühlte er sich vor allem im Hinblick auf die Möglichkeit einer sexuellen Beziehung. Anna Frei war jedoch in dieser Hinsicht auch unerfahren und gehemmt, was Marcs Ängste verringerte.

Nachdem Anna und Marc zwei Jahre zusammen waren, machte sie immer wieder Anspielungen in Richtung »Heirat«. Marc war zunächst unschlüssig. Er fürchtete, den Anforderungen an ihn als Ehemann und, falls sie Kinder hätten, als Vater nicht genügen zu können. Er war deshalb erleichtert, als Anna ihm versicherte, sie wolle keine Kinder. Sie fühle sich auch nicht fähig, Kinder aufzuziehen. Es war letztlich Anna, die vorschlug, sie sollten doch heiraten. Marc stimmte zu.

Marcs Bindung an seine Eltern, zu denen auch Anna eine enge Beziehung aufbaute – ihre eigenen Eltern waren schon vor etlichen Jahren gestorben –, blieb auch nach der Eheschließung bestehen. Es war für ihn deshalb ein schrecklicher Schicksalsschlag, als einige Jahre später zuerst sein Vater und nur ein Jahr danach seine Mutter an Krebs starben. Da Anna spürte, wie schwer diese Verluste ihren Mann trafen, bemühte sie sich umso mehr, ihm das Leben so annehmlich wie möglich zu machen.

Sie räumte ihm alle Schwierigkeiten im beruflichen wie im privaten Leben aus dem Weg und hatte, wie sie einer Freundin erzählte, den inständigen Wunsch, »Marc die Eltern zu ersetzen«. Ihr Mann habe eine schwierige Kindheit und Jugend gehabt, er brauche jemanden, der für ihn sorge. Das wolle sie nun tun.

Trotz dieses Bemühens seiner Frau, ihm das Leben so leicht wie möglich zu machen, begann sich Marcs Gesundheitszustand nach dem Tod der Eltern zunehmend zu verschlechtern. Seine Ängstlichkeit nahm zu, er erlitt etliche Panikattacken, zog sich sozial noch mehr zurück als früher und fühlte sich auch im Beruf überfordert. Als Schlafstörungen und depressive Verstimmungen dazukamen, drängte Anna ihren Mann, einen Termin mit dem Hausarzt zu vereinbaren. Als er dies immer wieder verschob, telefonierte sie schließlich mit dem Arzt und vereinbarte einen Termin, zu dem sie Marc begleitete.

Der Hausarzt diagnostizierte depressive Verstimmungen, eine Angststörung und eine soziale Phobie. Außerdem meinte er warnend, Marc steuere auf einen Burn-out zu. Er verordnete Marc Antidepressiva und, weil Marc darauf bestand, er brauche »etwas schnell Wirksames für den Notfall«, noch ein Benzodiazepin als Beruhigungsmittel. Dabei wies der Hausarzt ausdrücklich darauf hin, dass Marc das Benzodiazepin-Präparat nicht zu oft nehmen sollte, sondern »wirklich nur im Notfall, bei einer heftigen Panikattacke«.

Da das Benzodiazepin-Präparat schneller wirkte als die Antidepressiva und Marc damit wirksam seine Ängste unterdrücken konnte, konsumierte er diese Tabletten wesentlich häufiger, als der Arzt es ihm empfohlen hatte. Es gelang ihm einige Male, ein neues Rezept für dieses Medikament zu bekommen, bis der Hausarzt ihm bei einer der Konsultationen ein weiteres Rezept mit dem Hinweis verweigerte, Benzodiazepine besäßen ein hohes Suchtpotenzial. Er befürchte, Marc sei bereits abhängig von diesem Medikament. Der Hausarzt empfahl ihm dringend den Eintritt in eine psychiatrische Klinik, wo der Benzodiazepinentzug unter medizinischer Aufsicht erfolgen könne.

Nach längerem Zögern gab Marc schließlich dem Druck des Hausarztes und seiner Ehefrau nach, die mittlerweile selbst in einen Erschöpfungszustand geraten war und deshalb ihren Mann drängte, sich in eine Klinik zu begeben. Marc stützte sich in dieser Zeit in einem so extremen

Maße auf seine Frau, dass sie nicht nur erschöpft war, sondern immer wieder auch heftigen Ärger, ja Wut ihm gegenüber wegen seiner Passivität empfand. In einer Auseinandersetzung, welche das Paar miteinander hatte, schleuderte sie Marc entgegen: »Nimm doch endlich mal deine Angelegenheiten selbst in die Hand! Ich bin doch nicht dein Babysitter!«

Die sorgfältige diagnostische Abklärung in der psychiatrischen Klinik, in die Marc Schlüter schließlich eintrat, führte zum Ergebnis, dass er neben den vom Hausarzt diagnostizierten Symptomen der Angst- und Panikstörung sowie der depressiven Verstimmungen und der sozialen Phobie eine starke Beziehungsabhängigkeit entwickelt hatte.

Das hier geschilderte Beispiel zeigt Marc Schlüter als einen Vertreter der Gruppe der unsicher-ängstlichen, sich stark an Angehörige und Freunde bindenden Menschen mit einer abhängigen Persönlichkeitsstörung. Wie dargestellt, ist dies ein Muster, das von Kindheit an das Leben dieses Mannes prägt. Seine diversen Ängste, sein Angewiesensein auf die Nähe der Eltern und später auf die Unterstützung durch seine Frau, seine Unselbstständigkeit und Passivität sowie seine Neigung, Entscheidungen an andere Menschen zu delegieren, sind charakteristische Merkmale.

Wenn Sie selbst zu dieser Gruppe von dependenten Menschen gehören, werden Sie sich daran erinnern, dass Sie immer schon darunter gelitten haben, wenn Ihre Bezugspersonen Ihnen nicht zur Verfügung standen. Das kann in der Kindheit das Alleinsein während der Nacht mit dem Gefühl unerträglicher Einsamkeit gewesen sein oder das enorme Heimweh, das Sie erlebt haben, wenn Sie auch nur für kurze Zeit das Elternhaus verlassen mussten. Marc Schlüter hat dieses Gefühl als Jugendlicher in die Worte gefasst: »Ich halte es alleine nicht aus!«

Vermutlich haben Sie auch erlebt, wie hilflos Sie sich gefühlt haben, wenn Sie wichtige Entscheidungen in privater oder beruflicher Hinsicht fällen mussten, und wie glücklich Sie waren, wenn Ihnen jemand diese Entscheidungen abgenommen hat. Wenn Sie die Biografie von Marc Schlüter anschauen, werden Sie feststellen, dass er eigentlich nie eigene Wünsche verfolgt und entsprechende Entscheidungen getroffen hat, sondern von anderen Menschen in Situationen gedrängt wurde, die er dann akzeptiert hat. Dies war so bei seiner Berufswahl, bei der weiteren beruflichen Tätigkeit und ebenso bei der Entscheidung, eine Ehe mit Anna Frei einzugehen.

Vielleicht kennen Sie aus eigener Erfahrung auch die Passivität, wie wir sie bei Marc Schlüter immer dann sehen, wenn es um Eigeninitiative geht. Dies ist ein weiteres Merkmal von Menschen mit einer abhängigen Persönlichkeitsstörung. Diese Passivität ist aus verschiedenen Gründen verhängnisvoll: Zum einen verhindert sie, dass die dependente Person ihr Leben in die eigenen Hände nimmt, wodurch sie sich immer abhängiger von anderen Menschen macht. Zum anderen reagieren Angehörige und Freunde auf ein solches passives Verhalten oft mit massiven Vorwürfen. Sogar Marc Schlüters Frau, die sich doch zum Ziel gesetzt hatte, ihn nach dem Tod seiner Eltern in jeder Hinsicht zu unterstützen und ihn zu »retten«, hat irgendwann genug von seiner Unentschlossenheit und seiner Passivität und schleudert ihm entgegen: »Nimm doch endlich mal deine Angelegenheiten selbst in die Hand! Ich bin doch nicht dein Babysitter!«

Einem solchen Vorwurf liegt die Annahme zugrunde, die Passivität sei Ausdruck von Bequemlichkeit und Faulheit. Vielleicht haben Sie als abhängige Person auch schon solche Vorwürfe gehört und haben sich verletzt gefühlt, weil Sie – mit Recht – gespürt haben, dass Sie nicht aktiv sein *konnten*. Tatsächlich haben Sie sich sicher immer wieder Mühe gegeben, Ihre Angelegenheiten in die eigene Hand zu nehmen. Aber Ihre Angst vor einem Misserfolg und Ihr Angewiesensein darauf, sich an andere Menschen anzulehnen, werden jeden solchen Versuch, selbstständiger zu sein, vereitelt haben.

Als Angehörige oder Freund, aber auch als Arbeitskollegin bzw. -kollege haben Sie im Kontakt mit einer solchen dependenten Person wahrscheinlich zwei widersprüchliche Gefühle bei sich selbst beobachtet: Auf der einen Seite hat Ihnen Ihr Angehöriger oder Freund sicher *leidgetan* und Sie haben es vielleicht sogar als Ihre Pflicht empfunden, ihm zu *helfen*. Dies ist ein Gefühl, das Marc Schlüters Frau nach dem Tod von Marcs Eltern stark empfindet und das sie veranlasst, ihn mit allen Mitteln, bis hin zur eigenen Erschöpfung, zu unterstützen.

Auf der anderen Seite haben Sie vielleicht aber auch die Erfahrung gemacht, sich *hilflos* und angesichts der Unselbstständigkeit Ihres Angehörigen überfordert, vielleicht sogar *ausgenutzt* zu fühlen. Marc Schlüters Frau empfindet solche Gefühle der Überforderung und rät Marc deshalb auch zu einem Klinikaufenthalt. Dieser Empfehlung liegt ihre – realistische – Einsicht zugrunde, dass sie selbst nicht in der Lage ist, ihrem Mann aus dem über viele Jahre hinweg entstandenen Verhaltensmuster herauszuhelfen.

Selbstverständlich werden Sie als Elternteil, Geschwister oder Freundin bzw. Freund alles in Ihrer Macht Stehende tun wollen, um Ihrem dependenten Angehörigen zu helfen. Es ist aber auch wichtig, realistisch einzuschätzen, wann und unter welchen Bedingungen Ihre Unterstützung ein Ende haben sollte.

In diesem Zusammenhang stellt sich auch die Frage, ob Sie erhoffen können, dass Ihre Unterstützung irgendeinen *positiven Effekt* für Ihren Angehörigen bzw. Freund hat. Sicher können wir im Umgang mit anderen Menschen nicht alles nach dem Kosten-Nutzen-Gesichtspunkt beurteilen. Und selbstverständlich gibt es im Zusammenleben und speziell in nahen Beziehungen Situationen, in denen die Frage »Was bringt das?« absolut fehl am Platz ist und Unterstützung in jedem Fall sinnvoll und konstruktiv ist, selbst wenn es keine Aussicht auf einen irgendwie gearteten Erfolg gibt.

Eine über eine sinnvolle Grenze hinaus geleistete Unterstützung kann nämlich auch *negative Folgen* haben. Die Lebensgeschichte von Marc Schlüter weist auf diese Gefahr hin: Die überfürsorgliche Haltung seiner Eltern, speziell die der Mutter, ist zumindest ein Stück weit dafür verantwortlich, dass der Sohn immer ängstlicher und unselbstständiger wurde. Er hatte nicht gelernt, sich gegen Widerstände durchzusetzen, seinen eigenen Weg zu gehen und Vertrauen in seine eigenen Kräfte zu entwickeln, auch wenn er dabei gewisse Nachteile hätte in Kauf nehmen müssen.

Der zweite negative Effekt einer zu langen Unterstützung besteht darin, dass dadurch der Beginn einer Therapie verzögert, wenn nicht sogar verunmöglicht wird. Wir können uns fragen, ob Marc Schlüter vielleicht schon viele Jahre früher, möglicherweise sogar schon in der Kindheit therapeutische Hilfe gesucht und erhalten hätte, wenn er nicht von seinen Bezugspersonen immer wieder so weit »unterstützt«

worden wäre, dass sein Leidensdruck nicht den Grad erreichte, dessen es bedurft hätte, um eine Psychotherapie zu beginnen. Insofern ist es verständlich, dass er einem Klinikaufenthalt erst in dem Moment zugestimmt hat, als seine Frau selbst erschöpft war und ihm deshalb nicht wie zuvor alle Probleme aus dem Weg räumen konnte.

Verhängnisvollerweise greifen oft das Verhalten der dependenten Person und das ihrer Bezugspersonen eng ineinander und schaukeln sich gegenseitig geradezu hoch. Dies wird deutlich sichtbar im Leben von Marc Schlüter: Er selbst ist ängstlich und unentschlossen und versucht, allen eigenen Entscheidungen auszuweichen, und seine Eltern sind überbereit, ihm alle Probleme aus dem Weg zu räumen. Dies war der Fall in seiner Kindheit, als es um das Schlafen im eigenen Bett und den Verbleib im Kindergarten und in der Schule ging, und setzte sich fort bei der Berufswahl und der Vermittlung einer Lehrstelle im Betrieb von Freunden seiner Eltern, wobei die Frau des Chefs seine Patin ist. Und auch bei der Beziehung zu seiner Ehefrau ist nicht Marc Schlüter der aktive Partner, sondern sie wählt ihn und versucht ihn zu »retten«.

Bei der Frage, wie lange es sinnvoll ist, Ihren beziehungsabhängigen Angehörigen zu unterstützen und ihm zu helfen, ist es wichtig, dass Sie nicht nur seine, sondern auch Ihre *eigene Situation* im Auge behalten. Es ist nämlich keinem von Ihnen beiden geholfen, wenn Sie sich in Ihrem Bemühen, Ihrem Angehörigen alle Probleme aus dem Weg zu räumen und ihn in den verschiedensten Belangen zu unterstützen, selbst so weit erschöpfen, dass Sie am Ende zusammenbrechen. Dies zu beachten, ist eine Frage der *Selbstfürsorge* und hat nichts mit Egoismus zu tun.

Die Lösung von Problemen kann nie in totaler Selbstverleugnung und einem übermäßigen Einsatz bis hin zum Zusammenbruch liegen. Damit würden Sie Ihrem Angehörigen ein schlechtes Vorbild sein. Denn er selbst ist ja gerade nicht in der Lage, einen konstruktiven Umgang mit seinen Problemen zu finden. Da würde es ihm absolut nicht guttun, an Ihnen einen destruktiven Lösungsstil zu erleben, der für Sie beide verhängnisvolle Folgen hat.

Außerdem geschieht es oft, dass Menschen, die sich bis ins Extrem für andere einsetzen, aufgrund ihrer Erschöpfung und auch infolge der Enttäuschung darüber, dass alle ihre Anstrengungen keinen Erfolg zeitigen, irgendwann die Geduld verlieren und aggressiv reagieren. Dann kommt unter Umständen ein unerwartet heftiger Vorwurf, so wie auch Frau Schlüter ihrem Mann entgegenschleudert: »Nimm doch endlich mal deine Angelegenheiten selbst in die Hand! Ich bin doch nicht dein Babysitter!«

Zudem würden Sie durch Ihren Einsatz dazu beitragen, dass das Selbstwertgefühl Ihres abhängigen Angehörigen immer weiter geschwächt würde, erlebt er durch Ihre Übernahme der Verantwortung doch, dass Sie ihm nichts zutrauen, während Sie – in seinen Augen – alles können, er hingegen zu nichts fähig ist. Wenn Sie ihm etwas Gutes tun wollen, könnte allenfalls eine gemeinsame Aktion, in der er sich als kompetenten Partner erlebt, sinnvoll und hilfreich für ihn sein.

Es sei noch auf einen weiteren Problembereich eingegangen, den Sie als dependente Persönlichkeit wahrscheinlich genauso gut kennen wie Sie als Angehörige: Es ist die Gefahr einer *Suchtentwicklung*. Weil Menschen mit einer Beziehungsabhängigkeit unter vielfältigen Ängsten leiden, ist es verständlich, dass sie nach Mitteln suchen, mit denen sie diese Ängste dämpfen können. Leider ist Alkohol in einer solchen Situation ein schnell wirkendes, effizientes Mittel. Nur hat der Konsum von Alkohol äußerst negative Auswirkungen körperlicher, psychischer und sozialer Art. Gerade wenn er zur vermeintlichen Lösung von Konflikten eingesetzt wird, besteht die große Gefahr, dass es zu einer körperlichen und psychischen Abhängigkeit kommt.

Diese Gefahr ist bei beziehungsabhängigen Menschen besonders groß, da sie aufgrund ihrer Persönlichkeitsentwicklung ohnehin schon eine Suchtbereitschaft mitbringen. Es ist aus diesen Gründen wichtig, dass Sie als dependente Persönlichkeit besonders vorsichtig sind, Alkohol zur »Lösung« Ihrer Probleme einzusetzen. Und Sie als Angehörige tun gut daran, Ihre beziehungsabhängige Tochter oder Ihren Sohn zu warnen und vom Alkoholkonsum abzuhalten, wobei es wichtig ist, dass Sie nicht in eine Co-Abhängigkeit geraten. Ich werde im Kapitel 9 noch ausführlich auf die Gefahr der Co-Abhängigkeit eingehen.

Infolge ihrer Ängste und dem daraus resultierenden Ausweichverhalten suchen Menschen mit abhängigen Persönlichkeitsstörungen häufig auch Hausärztinnen und Hausärzte sowie Fachärztinnen und -ärzte der Psychiatrie auf. Zur Linderung ihres Leidens verordnen diese ihren Patientinnen und Patienten mitunter ohne großes Zögern Benzodiazepine. Diese Medikamente führen tatsächlich innerhalb kurzer Zeit zu einer Dämpfung der Angst, haben aber gerade wegen ihrer schnellen Wirksamkeit ein hohes *Suchtpotenzial.* So kann unbemerkt aus der gelegentlichen Einnahme von Benzodiazepinen ein süchtiger Konsum entstehen. Ein Entzug muss im Allgemeinen in einer Klinik unter medizinischer Aufsicht erfolgen, da es zu gefährlichen Entzugserscheinungen kommen kann.

### Auf den Punkt gebracht

- Manche Menschen begeben sich in Abhängigkeitsbeziehungen, weil sie es nicht aushalten, alleine zu sein. Dabei ist die Angst ein zentraler Affekt.
- Im Allgemeinen beginnt diese Entwicklung schon in der Kindheit und ist oft das Resultat einer ängstlich-überbehütenden Haltung der Eltern. Es sind scheue, sich an ihre Eltern klammernde Kinder.
- Die weitere Entwicklung ist von Unselbstständigkeit und Angst vor den nötigen Reifungsschritten wie Eintritt in den Kindergarten, in die Schule, Auszug aus dem Elternhaus etc. geprägt.
- Wenn im Erwachsenenalter Beziehungen eingegangen werden, sind es oft Beziehungen nach dem Eltern-Kind-Muster.
- Verluste (z. B. der Tod der Eltern) und Trennungen haben auf solche Menschen eine geradezu traumatische Wirkung und können zu schweren psychischen und körperlichen Zusammenbrüchen führen.
- Wenn zur Linderung der daraus resultierenden Angst und Depression Alkohol oder Beruhigungsmittel eingesetzt werden, kann es zu einer Suchtentwicklung kommen.
- Bei schweren Leidenszuständen sollten die Betreffenden psychotherapeutische Hilfe suchen.

### Was Sie als beziehungsabhängige Person tun können

- Es ist wichtig, trotz der Angst nicht vor den Anforderungen des Alltags und den Aufgaben des Erwachsenenlebens zurückzuweichen, sondern sich diesen Herausforderungen zu stellen. Ausweichen verstärkt die Angst.
- Versuchen Sie so viel Eigeninitiative wie möglich zu entwickeln. Überfordern Sie sich dabei nicht und seien Sie auch mit scheinbar kleinen Schritten zufrieden. Seien Sie aber auch nicht zu zaghaft beim Einüben von Eigenständigkeit.
- Quälen Sie sich nicht mit Selbstvorwürfen und Schuldgefühlen, sie seien »faul« und »bequem«. Akzeptieren Sie, dass Sie sich so entwickelt haben und nicht ohne Weiteres aus Ihrer Haut heraus können. Dies bedeutet jedoch nicht, weiter in Passivität zu verharren.
- Suchen Sie psychotherapeutische Hilfe, wenn Sie merken, dass Sie sich durch Ihre Beziehungsabhängigkeit selbst schaden.

### Was Sie als Angehöriger oder Freundin tun können

- Üben Sie als Elternteil mit Ihrem Kind schrittweise den Weg in die Selbstständigkeit. Vermeiden Sie dabei Über- ebenso wie Unterforderung.
- In ähnlicher Weise können Sie auch einer erwachsenen Person mit einer Neigung zu dieser Art von Abhängigkeitsbeziehung helfen, das Alleinsein auszuhalten, indem Sie schrittweise die Anforderungen erhöhen.
- Machen Sie Ihrem Angehörigen oder Ihrer Freundin mit dieser Abhängigkeitsbeziehung keine Vorwürfe, er oder sie sei »faul« oder »bequem«. Solche Kommentare sind sachlich falsch und haben eine kontraproduktive Wirkung.
- Unterstützen Sie vielmehr alle Schritte der betreffenden Person in Richtung Eigenständigkeit und ermuntern Sie sie dazu, trotz der Angst, unter der sie leidet, das Alleinsein zu trainieren.
- Raten Sie Ihrem Angehörigen oder Ihrer Freundin, psychotherapeutische Hilfe zu suchen, wenn Sie merken, dass er oder sie erheblich leidet.

## 4. »Ich komme nicht los von diesem Menschen« – »Wie kann man sich nur so abhängig machen?«

Die sozialen Kontakte von Personen, die zu Abhängigkeitsbeziehungen neigen, können eine so extreme Form annehmen, dass sie bei Dritten nur Kopfschütteln auslösen – sowohl im privaten Umfeld als auch mitunter bei Professionellen. Sie haben es vielleicht bei sich selbst oder bei Ihrem Sohn oder Ihrer Tochter erlebt, dass die Abhängigen sich zwar häufig des extremen Ausmaßes ihrer Abhängigkeit durchaus bewusst sind. Sie richten nicht selten auch scharfe Kritik gegen sich selbst und geloben immer wieder: »Jetzt ist es genug. Jetzt breche ich die Beziehung ab!« Doch schon die geringste Zuwendung oder ein flüchtiges Wiedersehen mit der Person, von der sie abhängig sind, genügt, um alle guten Vorsätze wieder über den Haufen zu werfen. Regelhaft taucht in solchen Situationen der Begriff »Hörigkeit« auf.

Martin Schuster ist ein beruflich außerordentlich erfolgreicher Geschäftsmann, der es in der Großbank, in der er arbeitet, zum CEO gebracht hat. Er ist Mitte 50, verheiratet mit einer beruflich ebenfalls sehr erfolgreichen Frau, die als Juristin in einer angesehenen Anwaltskanzlei tätig ist. Schusters haben zwei inzwischen erwachsene Kinder, die bald ihre Studien (die Tochter als Medizinerin, der Sohn als Volkswirtschaftler) beendet haben. In ihrem Freundes- und Bekanntenkreis gelten Schusters als das geradezu »ideale Ehepaar«.

Die sexuellen Kontakte des Ehepaares sind seit etlichen Jahren immer spärlicher geworden. Seit etwa fünf Jahren kommt es gar nicht mehr zu Intimkontakten. Frau Schuster hat einige Male versucht, dieses Thema anzusprechen, weil ihr diese Ebene ihrer Beziehung fehlt. Ihrem Mann ist ein Gespräch darüber jedoch sichtlich unangenehm. Er begründet sein geringes Interesse an Sexualität mit seinem großen beruflichen Engagement und der daraus resultierenden Erschöpfung. Das Äußerste, was er an persönlichem Kommentar je dazu gesagt hat, ist, dass in allen länger dauernden Beziehungen die sexuelle Anziehungskraft mit der Zeit abnehme. Deshalb sei es nichts Ungewöhnliches, dass sie keine sexuellen Beziehungen mehr miteinander hätten.

Seit einiger Zeit beobachtet Frau Schuster mit zunehmender Sorge eine Veränderung ihres Mannes. Er, der eigentlich sehr kontaktfreudig ist, gerne Gäste hat und mit seiner Frau stundenlang über soziale und politische Fragen diskutieren kann, wird immer mehr in sich gekehrt, einsilbiger und scheint vielfach wie abwesend zu sein. Darauf angesprochen, verneint Herr Schuster dies jedoch und begründet etwa seine Unaufmerksamkeit im Gespräch mit Müdigkeit und beruflichem Stress. Frau Schuster gewinnt aber zunehmend den Eindruck, es stecke »mehr« dahinter, wobei sie vermutet, ihr Mann habe eine außereheliche Beziehung. Als sie ihn bei einer Auseinandersetzung darauf anspricht, reagiert Herr Schuster empört und in einer für ihn ungewöhnlich aggressiven Weise. Es sei eine »bodenlose Frechheit« von ihr, ihm so etwas »zu unterstellen«. Er springt auf und nähert sich seiner Frau in bedrohlicher Weise mit geballten Fäusten, so dass sie entsetzt zurückweicht. Im letzten Moment fängt Herr Schuster sich jedoch und verlässt wütend das Zimmer.

Später entschuldigt Herr Schuster sich zwar bei seiner Frau, beharrt aber weiterhin darauf, keine außereheliche Beziehung zu haben. Als sich sein Verhalten in der Folge etwas entspannt und er bisweilen etwas von seiner alten Unverkrampftheit wiedergewinnt, beginnt Frau Schuster an ihrer Vermutung zu zweifeln und beruhigt sich selbst damit, es seien vielleicht tatsächlich die beruflichen Sorgen gewesen, die ihrem Mann so zu schaffen machen.

Dennoch nimmt Frau Schuster mit Beunruhigung wahr, dass ihr Mann immer wieder, und zwar wesentlich häufiger als früher, abends erst spät nach Hause kommt. Er meldet sich zwar jeweils telefonisch bei ihr ab, etwa mit der Begründung, er müsse noch dringende Arbeiten im Büro abschließen oder sitze noch mit Arbeitskollegen zusammen. Aber immer wieder taucht in Frau Schuster das alte Misstrauen auf, er habe vielleicht doch eine außereheliche Beziehung. Dieser Eindruck verstärkt sich noch, als Herr Schuster bei beruflichen Reisen immer wieder einige »Ferientage anhängt«, so seine Begründung, und im Gegensatz zu früheren Jahren seine Frau nie fragt, ob sie ihn nicht auf diesen Reisen begleiten möchte.

Als Frau Schuster ihrem Mann vor einer dieser Reisen nach New York vorschlägt, sie überlege, ihn zu begleiten, erschrickt er und bringt eine Reihe von Argumenten vor, warum das nicht sinnvoll sei. So führt er den Jetlag an, der seiner Frau nicht guttäte, weist auf die Kosten hin, die eine solche Reise zu zweit mit sich bringen würde, und meint schließlich, sie werde in New York ja völlig allein sein, weil er von morgens bis spät in die Nacht beruflich unterwegs sein werde. Für Frau Schuster ist klar: Ihr Mann will unter keinen Umständen, dass sie mit ihm nach New York fliegt. Dieses Verhalten lässt das alte Misstrauen wieder in aller Stärke aufflammen. Um keinen neuen Konflikt entstehen zu lassen, schluckt sie ihren Ärger indes herunter und teilt ihrem Mann mit, sie werde nicht mit nach New York kommen.

Als der Auszug der Kinder aus dem Elternhaus bevorsteht, überlegt Frau Schuster, ob sie diesen Moment nicht dazu nutzen sollten, eine längst fällige Renovierung ihres Hauses und einen Ausbau des Dachgeschosses vornehmen zu lassen. Um für die Diskussion mit ihrem Mann über diesen Plan gut vorbereitet zu sein, erkundigt sie sich bei ihrer Bank hinsichtlich der Möglichkeiten, die bestehende Hypothek – sie erinnert sich, es seien etwa 80 000 CHF – aufzustocken. Der Bankangestellte, der Schusters seit Jahren berät, reagiert zum Erstaunen von Frau Schuster zögerlich und gibt zu bedenken, ihr Haus sei doch schon mit recht hohen Hypotheken belastet.

Als Frau Schuster darauf hinweist, es sei doch nur eine relativ niedrige Hypothek auf dem Haus, erfährt sie zu ihrem Erstaunen, dass ihr Mann im Verlauf der letzten zwei Jahre die Hypothek Schritt um Schritt auf 350 000 CHF erhöht hat. Nur mit Mühe kann Frau Schuster sich beherrschen und beendet das Telefongespräch abrupt. Was er nur mit diesen fast 300 000 CHF gemacht hat, fragt sie sich voller Entsetzen. Sie haben doch gar keine großen Anschaffungen getätigt und er hat nie erwähnt, dass er Geld für irgendwelche außergewöhnlichen Dinge benötigt – und schon gar nicht eine solche Summe!

Um sich zu erklären, wozu ihr Mann eine derartig große Summe gebraucht hat, jagen ihr alle möglichen Gedanken durch den Kopf: Ist er etwa spielsüchtig und hat das Geld bei Glücksspielen oder Wetten verloren? Das kann sie sich beim besten Willen nicht vorstellen. Oder hat er das Geld jemandem gegeben, der ihn erpresst? Aber womit sollte jemand ihren Mann erpressen? Und hätte er ihr nicht davon erzählt? Wie ein Blitz trifft es sie, als ihr der Gedanke kommt, dass er eine heimliche Geliebte hat, die er unterhält.

Voller Wut und Angst sieht Frau Schuster dem Abend entgegen, an dem sie ihren Mann zur Rede stellt. Er versucht zunächst, sich damit herauszureden, er habe das Geld in Aktien angelegt und vergessen, ihr das zu erzählen. Doch als Frau Schuster ihn auffordert, ihr die Bankunterlagen zu diesen Aktienkäufen zu zeigen, gibt er schließlich zu, er habe das Geld für sich »persönlich« verwendet.

Diese vage Erklärung bringt für Frau Schuster das Fass zum Überlaufen. »Gib doch endlich zu, dass du eine Geliebte hast und das Geld mit ihr zusammen ausgegeben hast!«, schleudert sie ihm entgegen. »Ich habe dich ja früher schon darauf angesprochen. Aber du hast das geleugnet. Und wenn ich noch unsicher war, so war der letzte Zweifel bei deiner Reise kürzlich nach New York beseitigt, als du maßlos erschrocken warst, als ich dich begleiten wollte!« Angesichts der Vorwürfe seiner Frau und ihrer Verzweiflung räumt Herr Schuster schließlich ein, sie habe recht, es gebe da »jemanden«. Diese Formulierung löst einen neuen Wutanfall bei seiner Frau aus: »Was heißt das: Es gibt da jemanden? Wer ist das?« Schweigen. Auch auf weitere Nachfragen gibt Herr Schuster keine Antwort. Er verharrt stumm in seinem Sessel und verlässt nach wenigen Minuten den Raum. Kurze Zeit später hört Frau Schuster die Haustür zuschlagen und dann den Wagen wegfahren. Ihr Mann ist einfach weggefahren!

Frau Schuster ist fassungslos. So hat sie ihren Mann noch nie erlebt. Da ist nichts mehr sichtbar von dem erfolgreichen Geschäftsmann in einer Topmanagerfunktion, nichts mehr von dem selbstsicheren Mann, der in seinem Leben schon mit vielen schwierigen Situationen zurechtgekommen ist, und nichts mehr von dem souveränen Berater, an den sich Mitarbeitende und Bekannte gerne in Krisensituationen wenden. Der Mann, den Frau Schuster eben aus dem Raum hat schleichen sehen, ist ein gebrochener Mensch, unfähig, mit ihr ein Gespräch wie ein Erwachsener zu führen, ein Mensch, der wie ein gescholtenes Kind den Kopf einzieht und sich aus dem Staub macht.

Etliche Tage hört Frau Schuster nichts von ihrem Mann. Als sie in seiner Firma anruft, erhält sie die Nachricht, er sei für einige Tage verreist. Diese Information löst große Ängste bei ihr aus. Nach dem, was sie bei ihrem letzten Gespräch mit ihm erlebt hat, erscheint es ihr sogar möglich, dass er seinem Leben ein Ende gesetzt hat. So verzweifelt, wie er ihr erschienen ist, hält sie alles für möglich. Umso erleichterter ist Frau Schuster, als sie nach einer Woche einen Brief von ihm in der Post findet.

Auch wenn sie froh ist, ein Lebenszeichen von ihm zu erhalten, stürzt der Inhalt dieses Schreibens sie in eine neue tiefe Krise. Herr Schuster teilt seiner Frau in diesem Brief mit, dass er auf einer seiner Geschäftsreisen vor zwei Jahren einen jungen Mann aus Südamerika kennengelernt und sich »unsterblich« in ihn verliebt habe. Wie jung dieser Mann ist, verrät Herr Schuster nicht. Aus seiner Schilderung entnimm Frau Schuster aber, dass er vermutlich Mitte 20 ist. Also mehr als 30 Jahre jünger als ihr Mann! Herr Schuster schreibt, er habe es diesem Mann ermöglicht, in die Schweiz zu kommen, und er habe für ihn gebürgt. Im Augenblick suche er eine Wohnung, in die er mit seinem »Partner« einziehen werde. Wenn seine Frau wolle, sei er jederzeit zu einer Scheidung bereit. Er habe sich allerdings »durch diverse Verpflichtungen« finanziell »ziemlich verschuldet« und sehe deshalb keine Möglichkeit, seine Frau und die Kinder finanziell zu unterstützen.

Frau Schuster versteht die Welt nicht mehr. Nicht nur, dass ihr Mann seit Jahren eine außereheliche Beziehung hat, sondern nun stellt sich auch noch heraus, dass er mit einem Mann zusammenlebt – Homosexualität war bisher nie ein Thema bei Schusters – und sich dieses Mannes wegen offenbar finanziell in hohem Maße verschuldet hat. So erklärt sich auch, warum ihr Mann eine Hypothek aufgenommen hat. Allerdings lässt der Betrag von fast 300 000 CHF vermuten, dass er enorme Summen für diesen Freund ausgegeben hat – und wahrscheinlich immer noch ausgibt.

Nach etlichen vergeblichen Versuchen von Frau Schuster, mit ihrem Mann ein persönliches Gespräch zu führen, gelingt es ihr endlich, ihn per E-Mail-Nachricht dazu zu bewegen, mit ihr zusammen eine Mediation aufzusuchen. Sie organisiert eine Sitzung bei einer Juristin und hofft, auf diese Weise die Situation klären zu können. Frau Schuster zweifelt bis zum letzten Moment daran, ob ihr Mann der Einladung zur Mediation folgen wird. Tatsächlich aber erscheint Herr Schuster zu diesem Termin. Seine Frau ist allerdings erschrocken, als sie ihn sieht: Er scheint um Jahre gealtert und macht einen verzweifelten, depressiven Eindruck auf sie.

Was Herr Schuster – unter Tränen – in der Sitzung mit der Mediatorin berichtet, ist weit schlimmer, als Frau Schuster es sich hat vorstellen können: Seit Jahren hat ihr Mann sexuelle Kontakte zu Escorts gepflegt und viel Geld dafür ausgegeben, da er diese Männer nicht nur stundenweise in ihren Studios besucht hat, sondern einige von ihnen auch auf Geschäftsreisen mitgenommen hat. Voller Scham gesteht Herr Schuster, dass er auf diese Weise sehr viel Geld ausgegeben habe.

In Bezug auf den südamerikanischen Freund berichtet ihr Mann, dieser habe vor einigen Wochen »aus familiären Gründen« nach Südamerika zurückkehren müssen. Er habe Herrn Schuster aber versprochen, »ganz bald« wieder zu ihm in die Schweiz zurückzukommen, um dann hier mit ihm zu leben.

Erschüttert erfährt Frau Schuster, dass ihr Mann offenbar wöchentlich E-Mails von diesem Freund erhält, der immer wieder um die Überweisung weiterer Geldbeträge bittet. Mal sind es die Kosten für den Rückflug in die Schweiz, ein anderes Mal Geld, das der Freund »dringend zur Bezahlung von Schulden« brauche, weil er sonst sein Heimatland nicht verlassen dürfe. Dann wieder bittet er um Geld für die Zahlung einer Herzoperation, der sich seine Mutter unterziehen müsse, und die letzte Forderung betraf »Bestechungsgelder«, die er an die Polizei zahlen müsse, die ihn wegen Haschischkonsums festgenommen habe. Außerdem benötige er Geld zur Bestechung des Richters, der ihn nur auf freien Fuß setzen würde, wenn er dafür »großzügig entlohnt« werde.

»Aber das glaubst du ihm doch wohl nicht, Martin! Nimm doch mal deinen Verstand zusammen!«, stößt Frau Schuster schließlich hervor. »Der Typ bescheißt dich nach Strich und Faden. Du wirst ihm dieses Geld doch nicht etwa schicken?!« Frau Schuster und die Mediatorin trauen ihren Ohren nicht, als Herr Schuster antwortet, ihm sei völlig klar, dass sein Freund nicht die Wahrheit schreibe, und er befürchte, so fügt er, von einem Weinkrampf geschüttelt, hinzu, sein Freund werde vermutlich auch nie wieder nach Europa zurückkommen. »Und trotzdem werde ich ihm das Geld schicken! Ich liebe ihn unsagbar und kann nicht ohne ihn leben. Er MUSS wieder zu mir zurückkehren, koste es, was es wolle!«

Wie desolat die Situation ist, zeigt sich in dem Moment, als Herr Schuster seine aktuellen finanziellen Verhältnisse offen legen muss. Fassungslos sieht Frau Schuster, dass alle Konten im Minus sind und sich enorme Schulden angesammelt haben. Herr Schuster hat diesem Mann nämlich nicht nur das Geld, das er gefordert hat, nach Südamerika geschickt, sondern schon vorher für die Escorts und den südamerikanischen Freund enorme Summen ausgegeben. Das Fazit lautet: Herr Schuster ist trotz seines hohen Einkommens finanziell am Ende. Außerdem ist seine berufliche Position gefährdet, da er in den vergangenen Monaten seine Pflichten offenbar sträflich vernachlässigt hat. Es haben bereits einige Gespräche mit dem Vorsitzenden des Verwaltungsrats stattgefunden und es sind zwei Abmahnungen ausgesprochen worden.

Den dringenden Rat des Verwaltungsratspräsidenten, der eine ungefähre Ahnung von Herrn Schusters privater Situation hat, und die inständige Bitte seiner Frau, sich in Behandlung zu begeben und zu retten, was noch zu retten ist, weist Herr Schuster vehement zurück. Er brauche keine Therapie. »Ich bin nicht krank. Ich bin verliebt! Und für diese Liebe tue ich ALLES!«

Diese biografische Skizze mag vielen unrealistisch vorkommen, und man ist geneigt zu meinen, ein Mann mit solchen intellektuellen Fähigkeiten und in einer solch angesehenen sozialen Position wie Martin Schuster werde doch nie »so tief sinken« und sich in dem Maße »gehen lassen«. Doch leider treffen wir immer wieder Frauen und Männer, die sich in derartige Abhängigkeitsbeziehungen begeben und darin unter Umständen sogar zugrunde gehen. Im Allgemeinen erfahren aber nur die nächsten Angehörigen und Freunde von solchen Situationen, da sich die abhängigen Personen enorm schämen und versuchen, ihre Geschichte geheim zu halten.

Ein berühmtes Beispiel einer solchen Abhängigkeitsbeziehung, in welcher der Protagonist dem Charme einer Frau verfällt und daran zugrunde geht, wird im Film »Der blaue Engel« mit Marlene Dietrich (als Nachtclubsängerin Lola Lola) und Emil Jannings (als Professor Rath) dargestellt. In einem weiteren Sinne könnte man auch Goethes »Werther« in die Kategorie derartiger – auch hier tödlich endender – Abhängigkeitsbeziehungen einordnen. Auch W. Somerset Maugham stellt in seinem autobiografischen Roman »Der Menschen Hörigkeit« eine ähnliche, unheilvolle Abhängigkeitsbeziehung dar.

Es sind *symbiotische Beziehungen*, in denen die Grenzen zwischen den beiden daran beteiligten Personen verschwimmen und sich, im Extrem, sogar völlig auflösen. Die an solchen Beziehungen Beteiligten empfinden sich nicht mehr als eigenständige, voneinander unabhängige Personen, sondern nur noch als eine Einheit und lösen sich gleichsam in einem »Wir« auf. Zeitweise erleben sie diese ungeheure Nähe unter Umständen als beglückend und genießen es, ineinander aufzugehen.

Es ist ein Zustand der Glückseligkeit, wie ihn alle Menschen in Augenblicken größter Intimität und Nähe erleben können. Das Problem der dependenten Menschen liegt jedoch darin, dass es bei ihnen kein nur kurze Zeit dauernder ekstatischer Rausch ist, aus dem sie nach einiger Zeit beglückt und erfüllt wieder auftauchen, sondern dies bei ihnen zu einem Dauerzustand wird. Sie suchen diesen Zustand auch eigentlich nicht willentlich, sondern geraten, wie im Beispiel Martin Schusters, mehr oder weniger ohne eigenes Zutun, zumindest ohne eine intendierte Handlung, in eine solche symbiotische Beziehung. Und unversehens sitzen sie in einer Beziehungsfalle, aus der sie im Allgemeinen ohne Hilfe von außen nicht mehr herauskommen.

Auch in der Oper gibt es Beispiele für diese symbiotischen Beziehungen, bei deren Zerbrechen der zurückbleibende Partner mit untergeht, so wie bei Tristan und Isolde in Richard Wagners gleichnamiger Oper. Die enge Verschränkung der beiden Personen mit der Tendenz, die Grenzen der eigenen Persönlichkeiten aufzulösen und miteinander zu verschmelzen, zeigt sich bereits eindrücklich im Liebesduett im 2. Akt, wenn sie singen:

Isolde: Freudejauchzen!
Tristan: Lustentzücken!
Beide: Himmelhöchstes
Weltentrücken!

Tristan: So stürben wir,
um ungetrennt,
ewig einig
ohne End',
ohn' Erwachen,
ohn' Erbangen,
namenlos

in Lieb' umfangen,
ganz uns selbst gegeben,
der Liebe nur zu leben!

Die Symbiose steigert sich bis zu dem Moment, wo sich die Grenzen zwischen den beiden Liebenden auflösen und sie zur anderen Person werden:

Tristan: Tristan du,
ich Isolde,
nicht mehr Tristan!
Isolde: Du Isolde,
Tristan ich,
nicht mehr Isolde!

Die Folge solcher symbiotischen Verschmelzungen ist das, was Isolde nach Tristans Tod in ihrer Schlussarie, »Isoldes Liebestod«, mit ihren letzten Worten ausdrückt, bevor sie, die nicht mehr ohne ihn leben kann, tot über seiner Leiche zusammenbricht: »ertrinken, versinken, unbewusst, höchste Lust!«

Ich habe die Geschichte von Martin Schuster recht ausführlich dargestellt, um an ihr zu zeigen, dass es zu einer derartigen Hörigkeit auch bei Menschen kommen kann, von denen wir annehmen, sie seien intellektuell und von ihrem sozialen Status her davor gefeit, »in so etwas hineinzurutschen«. Diese Annahme trifft jedoch keineswegs zu. Bei einer entsprechenden Disposition und aufgrund lange unterdrückter Wünsche und Bedürfnisse kann es unter bestimmten Bedingungen zu einem Zusammenbruch der rationalen Steuerung kommen. In diesem Moment brechen die lange aufgestauten unmäßigen Wünsche nach Zuwendung, Nähe und Bestätigung in einer ungeahnten Intensität hervor und beherrschen das gesamte Leben dieses Menschen.

Bei Martin Schuster liegen zwei zentrale Auslöser vor: Zum einen ist es seine lange unterdrückte gleichgeschlechtliche Orientierung und der immer drängender gewordene Wunsch, sie zu leben, und zum anderen, damit verbunden, seine zunehmende Distanzierung von seiner Frau. Dabei mag auch die Lebensphase, in der er sich befindet, eine

Rolle spielen: Als beruflich sehr erfolgreicher Mann Mitte 50 mag er gespürt haben, dass beruflicher Erfolg und materielle Sicherheit allein nicht ausreichen, um ein befriedigendes, sinnerfülltes Leben zu führen. Vermutlich ist ihm klar geworden, dass er etwas in seinem Leben ändern muss.

Die durch diese Krise ausgelöste Destabilisierung seiner Persönlichkeit hat bei ihm die bisher weitgehend latente Beziehungsabhängigkeit manifest werden lassen und hat zu der für dependente Menschen charakteristischen verzweifelten Suche nach Personen geführt, die versprachen, seine innere Leere zu füllen. Bei einem heterosexuellen Mann hätte es eine idealisierte Frau sein können, bei der er die allumfassende Liebe und die symbiotische Nähe gesucht hätte. In Anbetracht des bisher unterdrückten gleichgeschlechtlichen Begehrens war es bei Martin Schuster die Zuwendung zu homosexuellen Männern. Dabei hat das Alter dieser Männer für ihn sicher eine wichtige Rolle gespielt: Als wesentlich älterer Mann hat er ihre Jugendlichkeit bewundert und sich in der Beziehung zu diesen idealisierten jungen Männern der Illusion hingeben können, selbst noch einmal jung zu sein und sein ganzes Leben vor sich zu haben.

Solange es »nur« die Kontakte zu den jüngeren Escorts waren, hatte Martin Schuster die Situation noch einigermaßen in der Hand und ihm gelang die Steuerung seines Verhaltens notdürftig, obwohl er auch zu dieser Zeit schon große Summen für diese Kontakte ausgab. Doch zumindest vonseiten der Escorts bestand eine gewisse Grenze, da sie nie einen Zweifel daran ließen, dass das Zusammensein mit ihm für sie eine Geschäftsbeziehung war. Allein durch den Akt der Bezahlung wurde Martin Schuster dies auch immer wieder vermittelt. Auch wenn bereits hier seine starke Abhängigkeit von den Escorts sichtbar wird, konnte er sich doch noch in der Rolle des Mächtigen erleben, der über das Geld – wenn auch nur vermeintlich – die Steuerung der Situation in der Hand behielt.

Ganz anders jedoch wurde die Situation in dem Moment, als er die Beziehung zu dem jungen Mann aus Südamerika aufnahm. Diese Beziehung war von Anfang an keine Geschäftsbeziehung, sondern zumindest für Martin Schuster eine Liebesbeziehung, in der sich beide Partner emotional intensiv engagierten. In dieser Illusion hatte der junge Mann Martin Schuster bestärkt, was dazu führte, dass dieser die letzten noch wirksamen Schutzmechanismen beiseite warf. Auch wenn diesem Angebot von Nähe vermutlich von Anfang an pure Berechnung vonseiten des südamerikanischen Freundes zugrunde lag, hatte Martin Schuster dies aufgrund seiner Beziehungsabhängigkeit offensichtlich nicht wahrnehmen können und sich in diese Symbiose hineinziehen lassen.

Damit brachen die zuvor mühsam aufrechterhaltenen Grenzen von Martin Schuster zusammen. Nun befand er sich nicht mehr, wie bei den Escorts, in der mächtigen Position des zahlenden Kunden, sondern in der Rolle des Bittstellers, des um die Zuwendung des Freundes bettelnden schwachen Mannes. Damit wurde er zunehmend abhängiger von seinem Freund. Schritt um Schritt gab Herr Schuster die Kontrolle auf und kam an einen Punkt totaler Abhängigkeit, an dem er rational zwar wusste, dass er betrogen wurde, aber dennoch bereit war, weiterhin horrende Summen an den Freund zu zahlen. Seine Aussage in der Mediationssitzung »Ich liebe ihn unsagbar und kann ohne ihn nicht leben. Er MUSS wieder zu mir zurückkehren, koste es, was es wolle« zeigt das Ausmaß der *Hörigkeit*, in der sich Martin Schuster wie in einer Falle befindet.

An dieser Aussage zeigt sich ein weiteres Charakteristikum, das Sie, wenn Sie einen Angehörigen haben, der sich in einer solchen Hörigkeitsbeziehung befindet, vielleicht auch beobachtet haben: Es ist die Ihnen möglicherweise unverständlich erscheinende *Mischung aus Ohnmacht und Machtdemonstration*. Einerseits befindet sich der in einer solchen Abhängigkeitsbeziehung Lebende in einer Situation totaler Ohnmacht und ist bereit, sich, wie Martin Schuster, extrem manipulieren zu lassen. Andererseits liegt in Herrn Schusters Aussage aber auch ein geradezu despotischer Anspruch, dass der Geliebte sich so zu verhalten habe, wie er es von ihm erwartet. Wir müssen diese Machtdemonstration indes nicht als Zeichen der Stärke, sondern als einen verzweifelten Versuch verstehen, das weitgehend zerstörte Selbstwertgefühl und die völlig am Boden liegende Selbstachtung wenigstens ansatzweise zu retten.

Es ist eine unheilvolle Folge solcher Hörigkeitsbeziehungen, dass sie das *Selbstwertgefühl unterhöhlen* und von enormen *Schamgefühlen* begleitet sind. Der in einer solchen Beziehung Lebende weiß im tiefsten Innern, dass es eine destruktive Beziehung ist, vor der alle, die es gut mit ihm meinen, ihn warnen würden. Da er aber von dem Menschen, auf den sich sein Begehren richtet, nicht lassen kann, kommt es zur Verheimlichung, die ein so extremes Ausmaß annehmen kann, wie ich es in Martin Schusters Geschichte geschildert habe. Die Folge ist ein enormer *Verheimlichungsstress*, der eine weitere schwere Belastung darstellt.

Sie haben sich beim Lesen von Martin Schusters Beispiel vielleicht gefragt, warum dieser Mann viele Jahre unauffällig gelebt hat, ja sogar beruflich sehr erfolgreich sein und eine mehr oder weniger »gute« Ehe führen konnte. Wenn Sie seine Geschichte mit der von etlichen anderen in diesem Ratgeber beschriebenen Personen vergleichen, fällt Ihnen sicher ein Bruch auf, der sich in seinem Leben im Alter von 40 oder 45 Jahren ereignete. Da liegt die Frage nahe, warum vorher keine Zeichen einer ähnlichen Beziehungsabhängigkeit erkennbar waren. Wie oben erwähnt, hatte bei ihm die Neigung zu Abhängigkeitsbeziehungen sicher von Jugend an bestanden. Was aber hat dazu geführt, dass Herr Schuster sie viele Jahre lang so weit »im Griff« hatte, dass sie nicht sichtbar wurde?

Ein wesentlicher Grund dürfte sein, dass er sein – zweifellos von Kindheit an bestehendes – mangelndes Selbstwertgefühl durch seine beruflichen Erfolge kompensieren konnte. Auch wenn äußere Erfolge vorhandene Selbstwertstörungen nicht beheben, vermitteln sie dem betreffenden Menschen doch immer wieder, dass er nicht so »wertlos« ist, wie er selbst sich im tiefsten Innern empfindet. Für Martin Schuster haben vermutlich auch die Beziehung zu seiner – ebenfalls beruflich erfolgreichen – Frau und die Erfahrung, seine Familie »erfolgreich managen« zu können, zu einer Stabilisierung seines Selbstwertgefühls beigetragen.

Dieses labile Gleichgewicht scheint durch die Sinnkrise, die er im mittleren Lebensalter durchmachte, zusammen mit dem Wunsch, seine gleichgeschlechtliche Orientierung zu leben, ins Wanken geraten zu sein. Martin Schuster war es indes noch solange möglich, die Steuerung seines Verhaltens zumindest einigermaßen aufrechtzuerhalten, wie er sich in den Kontakten mit den Escorts als autonomer Mann wahrnehmen konnte. Der völlige Zusammenbruch und damit das Manifestwerden seiner extremen Beziehungsabhängigkeit erfolgte in dem Moment, als er sich auf die Liebesbeziehung zu dem südamerikanischen Freund einließ.

Fatal für Menschen, die sich in einer Hörigkeitsbeziehung befinden, ist die Tatsache, dass sie durch diese extreme Abhängigkeit nicht nur die Steuerung ihres Verhaltens verlieren, sondern in diesem Prozess auch zunehmend ihr Selbstwertgefühl weiter schwächen. Bei Martin Schuster geschieht dies durch die Erfahrung, dass er die Situation nicht mehr in der Hand hat und spürt, in welchem Maße er von seinem Freund abhängig ist. Hinzu kommen die sein Selbstwertgefühl unterhöhlenden *Scham- und Schuldgefühle* seiner Frau und seinen Kindern, aber auch seinen Vorgesetzten gegenüber. Und schließlich zerstört er durch sein Verhalten gerade die für sein Selbstwertgefühl wichtigste Ressource: seine berufliche Position. Hier zeigt sich in ganzer Schärfe die *Selbstdestruktivität* derartiger Hörigkeitsbeziehungen.

Wenn Sie selbst sich in einer ähnlichen Situation wie Martin Schuster befinden, ist es wichtig, dass Sie sich die erwähnten Gefahren vor Augen führen und Hilfe suchen. Vertrauen Sie sich zumindest einer Ihnen nahestehenden Person an. Und folgen Sie deren Rat, wenn sie Ihnen ans Herz legt, sich von der Person zu distanzieren, zu der eine Hörigkeitsbeziehung besteht. Nehmen Sie die Empfehlung Ihrer Vertrauensperson ernst, sich in Behandlung zu begeben, sei es auch nur aus Liebe zu dieser Ihnen nahestehenden Person oder aus Respekt ihr gegenüber. Auch wenn es Ihnen schwerfällt, müssen Sie sich wie einen *Süchtigen* betrachten. Auch er kann nicht einfach durch einen Willensakt aus der Sucht aussteigen. Was er jedoch kann, ist, fachliche Hilfe zu suchen und den therapeutischen Empfehlungen zu folgen.

Wenn Sie Angehöriger oder Freundin eines Menschen sind, der sich in einer Hörigkeitsbeziehung befindet, versuchen Sie auf jeden Fall so frühzeitig wie möglich ihn davon zu überzeugen, dass er fachliche Hilfe braucht. Denn allein mit gutem Willen wird ihm dies kaum gelingen. Zu stark ist für einen Menschen mit einer so intensiven Hörigkeitsbeziehung, wie ich sie bei Martin Schuster geschildert habe, der Sog in eine solche symbiotische Beziehung, in der die Grenzen zwischen den beteiligten Personen, wie im zitierten Liebesduett von Tristan und Isolde, sich völlig auflösen.

Nochmals schwieriger wird es, wenn Ihr Angehöriger eine Beziehung zu einer Person unterhält, die ihn bewusst ausnutzt und bestrebt ist, ihn mit allen Mitteln an sich zu binden. In diesem Fall muss Ihr Angehöriger ja nicht nur gegen die eigenen Wünsche nach unendlicher Zuwendung und Akzeptanz kämpfen, sondern zusätzlich noch gegen die Anstrengungen der ihn ausnutzenden Person. Um einen solchen doppelten Kampf aufnehmen zu können, braucht Ihr Angehöriger oder Ihre Freundin unbedingt Hilfe von außen.

Als selbst betroffene beziehungsabhängige Person werden Sie sich vermutlich, wie Martin Schuster, sagen hören oder es zumindest denken: »Ich bin nicht krank. Ich bin verliebt! Und für diese Liebe tue ich alles!« Doch hören Sie in diesem Fall, auch wenn es Ihnen wehtut, auf die Warnungen Ihrer Angehörigen und Freunde, und versuchen Sie, Abstand von der Person zu gewinnen, die Ihnen ewige Liebe schwört – und gleichzeitig dauernd neue Geldforderungen stellt. Sie haben einen entscheidenden Schritt in Richtung einer konstruktiven Lösung getan, wenn Sie sich zu dem Versuch entschließen können zu prüfen, ob die Person, die Sie an sich bindet, auch ohne irgendwelche Geschenke oder finanzielle Zuwendungen bei Ihnen bleibt. Das heißt zu prüfen, wie echt die Ihnen geschworene »ewige Liebe« tatsächlich ist.

Als Angehöriger oder Freundin sollten Sie sich nicht dadurch irritieren lassen, dass die dependente Person sich vehement gegen eine Therapie wehrt. Dies ist nicht Ausdruck von mangelnder Willenskraft, sondern Ausdruck der Hörigkeit. Lassen Sie sich also nicht durch die vehemente Ablehnung Ihrer Vorschläge, fachliche Hilfe zu suchen, beirren, sondern halten Sie sich weiterhin als Dialogpartnerin oder Dialogpartner bereit.

Allerdings müssen Sie als Angehöriger oder Freundin damit rechnen, dass Sie in solchen Situationen, in denen Sie den Eindruck bekommen, wie gegen eine Wand zu reden, von Gefühlen der *Hilflosigkeit und Ohnmacht* gequält werden. Dies wird dann im Allgemeinen auch der Moment sein, in dem Sie sich fragen müssen, ob Sie noch die richtige Person sind, die dem dependenten Menschen effiziente Hilfe bieten kann.

Auch wenn es Ihnen nicht leichtfällt, wird es einen Moment geben, wo Sie sich zu Ihrer beider Besten *zurückziehen* müssen. Zum einen gilt, dass Sie sich selbst schützen müssen und nicht mit ins Chaos Ihres kranken Partners bzw. Ihrer Partnerin gerissen werden dürfen. Dies könnte im Fall des Ehepaares Schuster beispielsweise die Gütertrennung sein bzw. die Scheidung, die Frau Schuster einleitet. Auf diese Weise könnte sie sich und ihre Kinder vor dem finanziellen Ruin bewahren, in den sie sonst unweigerlich durch die immensen Schulden ihres Mannes mit hineingezogen würde.

Zum anderen kann es die klare Abgrenzung wichtiger Bezugspersonen sein, die Menschen mit einer Beziehungsabhängigkeit mitunter dazu bringt, endlich fachliche Hilfe zu suchen. Wenn sie erleben, dass sie durch ihr Verhalten sich nicht nur finanziell ruinieren, sondern auch Beziehungen, die ihnen wichtig sind, zerstören, kann dies zu einer letztlich *heilsamen Krise* führen. Als Angehöriger oder Freundin müssen Sie sich aber des Risikos bewusst sein und auch bereit sein, es einzugehen, dass selbst ein solcher Trennungsschritt unter Umständen keine Verhaltensänderung Ihrer dependenten Familienangehörigen oder Ihres Freundes zur Folge hat.

### Auf den Punkt gebracht

- Beziehungen können einen solchen Grad an Abhängigkeit erreichen, dass man von einer symbiotischen Beziehung und von Hörigkeit sprechen muss.
- Meist sind es einseitige Beziehungen, das heißt, dass nur eine der beiden Personen sehr starke Gefühle entwickelt, während die andere dies nicht tut.
- Eine Gefahr solcher Beziehungen ist, dass die hörige Person von der anderen Person ausgenutzt und manipuliert wird und dadurch enorme materielle Verluste und emotionale Verletzungen erfahren kann.
- Der Entwicklung einer solchen Abhängigkeitsbeziehung liegen meist Wünsche und Bedürfnisse zugrunde, die während langer Zeit verdrängt worden sind und, wenn sie nun durch eine Person angesprochen werden, mit enormer Macht hervorbrechen.

- Abhängigkeiten dieser Art können die Qualität einer Sucht annehmen.
- Im Allgemeinen schämen sich Menschen, die sich in eine Hörigkeit verstricken, dieser Abhängigkeit und verheimlichen die Beziehung und deren Folgen (z. B. Zahlungen an die Person, von der sie abhängig sind). Die Scham und der Verheimlichungsstress stellen eine enorme Belastung dar.
- Aufgrund dieser Belastungen kann es zu einem psychischen Zusammenbruch, bis hin zum Suizid, kommen, falls die abhängige Person keine Möglichkeit findet, mit jemandem über ihre Situation zu sprechen und fachliche Hilfe zu suchen.

### Was Sie als beziehungsabhängige Person tun können

- Wenn Sie es vermeiden wollen, in eine derartige Abhängigkeitsbeziehung zu geraten, seien Sie hellhörig und selbstkritisch, sobald Sie spüren, dass Ihre »Liebe« ein extremes Ausmaß annimmt und Sie für nichts anderes mehr Interesse haben.
- Hören Sie auf Freunde und Angehörige, die Sie vor der Person warnen, die Sie so »abgöttisch« lieben. Prüfen Sie zumindest deren kritische Argumente.
- Wenn Sie viel Geld in diese Beziehung investieren, sagen Sie einmal Nein und schauen dann, ob die andere Person immer noch bei Ihnen bleibt.
- Auch wenn es Ihnen sehr unangenehm ist und Scham bereitet, sprechen Sie offen über Ihre Gefühle und Ihre Beziehung mit einer Person, der Sie vertrauen und bei der Sie sicher sein können, dass sie nur Ihr Bestes will. Auch wenn Sie sich durch deren Argumente unverstanden, vielleicht sogar gekränkt fühlen, schieben Sie sie nicht einfach beiseite, sondern denken Sie darüber nach, was Sie mit ihr besprochen haben.
- Suchen Sie spätestens dann psychotherapeutische Hilfe, wenn Ihnen Ihre Hörigkeit bewusst wird. Am besten klären Sie möglichst frühzeitig Ihre Gefühle und besprechen die Art Ihrer Beziehung mit einer Fachperson.

### Was Sie als Angehöriger oder Freundin tun können

- Wenn Sie nicht genau wissen, worum es geht, aber bei Ihrer Angehörigen oder Ihrem Freund Veränderungen wahrnehmen, die Sie beunruhigen (z. B. sozialer Rückzug, Vernachlässigung der Interessen, Anzeichen von Depression, Angst und Anspannung), teilen Sie ihr oder ihm Ihre Sorge mit und stellen sich als Gesprächspartner zur Verfügung.
- Wenn Ihre Angehörige oder Ihr Freund Ihnen von der Abhängigkeitsbeziehung berichtet, halten Sie sich mit negativen Kommentaren über die andere Person und mit Vorwürfen gegen Ihren Angehörigen zurück. Fragen Sie nach konkreten Situationen, in denen die andere Person nach Ansicht Ihres Angehörigen ihre Liebe gezeigt hat. Die Hoffnung ist, dass der Beziehungsabhängige bei der Schilderung einer solchen Situation selbst sieht, dass es eine einseitige Beziehung ist und dass von der anderen Person wenig bis nichts kommt.
- Wenn es um finanzielle Folgen der Abhängigkeit geht, schlagen Sie vor, der Abhängige solle einmal zu einer der Forderungen Nein sagen und schauen, ob die ihn um Geld bittende Person dann immer noch an ihm interessiert ist.
- Seien Sie nicht enttäuscht oder verärgert, wenn Sie die Erfahrung machen, dass Ihre rationalen Argumente nichts fruchten. Bringen Sie sie trotzdem immer wieder vor.
- Raten Sie Ihrer Angehörigen oder Ihrem Freund, psychotherapeutische Hilfe zu suchen, um mit einer unabhängigen Fachperson die Beziehung zu diskutieren.

## 5. »Ich mag anderen nicht widersprechen und will keine Konflikte« – »Man weiß bei ihr nie, woran man ist«

Unter den Menschen mit einer abhängigen Persönlichkeitsstörung gibt es eine Gruppe, die im Allgemeinen nicht negativ auffällt, sondern sogar als ausgesprochen »nett« und »entgegenkommend« erlebt wird. Erst wenn es darum geht, mit einer Person dieser Gruppe verbindliche Absprachen zu treffen und eine eindeutige Stellungnahme von ihr zu erhalten, wird der Umgebung bewusst, dass dieser Mensch mit etlichen Problemen kämpft.

Angelika Weiß war ein stilles, »braves« Kind. Sie wuchs gleichsam im Schatten von drei älteren Geschwistern auf, die wesentlich lebhafter und durchsetzungsfähiger waren als Angelika. Nur selten versuchte sie, sich im Kreis der Geschwister zu behaupten, und merkte bald, dass sie dabei keine Chance hatte. Die Eltern, die mit der Erziehung der drei älteren Kinder vollauf beschäftigt waren, empfanden es wohltuend, dass Angelika still und, wie es in der Familie hieß, »lieb« war. Sie wurde dafür von den Eltern auch immer wieder gelobt.

Auch in der Schule galt Angelika bei den Lehrerinnen und Lehrern als »brave« Schülerin. Sie hatte stets ihre Hausaufgaben erledigt, kam nie zu spät zur Schule und beteiligte sich nicht an den Streichen der anderen Kinder. Nur die Sportlehrerin empfand Angelikas Verhalten als »gehemmt« und erwähnte dies bei einem Elterngespräch der Mutter gegenüber. Frau Weiß war über diese Charakterisierung ihrer Tochter sehr erstaunt. »Wir finden nicht, dass Angelika gehemmt ist. Sie ist etwas introvertiert und eben reifer als ihre Klassenkameraden. Deshalb beteiligt sie sich nicht an den dummen Streichen der anderen«, verteidigte Frau Weiß ihre Tochter.

Im Klassenverband fiel Angelika nicht sonderlich auf. Sie stach weder in positiver noch in negativer Weise hervor. Oft wurde sie von ihren Mitschülerinnen und Mitschülern gar nicht wahrgenommen. Nur in den letzten Klassen der Gymnasialstufe fiel sie mehr und mehr dadurch auf, dass sie nie eine eigene Meinung vertrat. Wenn sie beispielsweise im Deutschunterricht in der Diskussion über ein gesellschaftliches Thema nach ihrer Meinung gefragt wurde, schaute sie sich hilflos-fragend im Kreis ihrer Mitschüler um und stammelte, sie könne das nicht sagen. Eine ihrer Standardantworten war: »Das ist schwierig zu beurteilen. Da kann man ganz unterschiedlicher Meinung sein. Ich weiß nicht, was ich dazu sagen soll.«

Wenn die Lehrer sich mit einer solchen Antwort nicht zufriedengaben und eine eindeutige Stellungnahme von Angelika forderten, wich sie weiterhin aus und führte Argumente pro und contra an, blieb die letzte eindeutige Antwort aber immer schuldig. Diese Unentschlossenheit wurde ihr vor allem in schriftlichen Arbeiten zum Verhängnis, weil hier die persönlichen Stellungnahmen der Schülerinnen und Schüler gefordert wurden, Angelika in ihren Aufsätzen diese Forderung aber nie erfüllte.

In den letzten Schuljahren fiel dieses »Darumherum-Reden« auch Angelikas Mitschülerinnen und Mitschülern auf, und sie machten sich darüber lustig. Wenn Angelika im Unterricht aufgefordert wurde, zu einem Thema Stellung zu nehmen, wisperten ihre Mitschüler einander grinsend zu: »Man könnte Ja, aber auch Nein sagen. Das kann ich nicht beurteilen.« Angelika nahm natürlich wahr, dass die anderen sich in dieser Weise über sie lustig machten. Doch sie brachte es nicht fertig, eine eigene Meinung zu vertreten.

Zu einer für Angelika sehr unangenehmen Situation kam es, als es um die Abstimmung über das Ziel der Abiturreise ging. Ihre Mitschülerinnen und Mitschüler wollten unbedingt nach London reisen. Die Klassenlehrerin empfand diesen Plan aber als »völlig unrealistisch und größenwahnsinnig« und plädierte vehement für das Reiseziel Berlin. Schon im Vorfeld der anstehenden Abstimmung durchlebte Angelika Höllenqualen. In der Nacht vor der Abstimmung konnte sie vor Aufregung und Angst kein Auge zutun.

Als die Lehrerin am folgenden Morgen die Schülerinnen und Schüler aufforderte, über das Reiseziel abzustimmen, schaute sich Angelika verzweifelt in der Klasse um. Alle Mitschülerinnen und Mitschüler hoben die Hand, als die Lehrerin fragte, wer nach London reisen wolle. Angelika war wie gelähmt und hoffte, es würde nicht auffallen, dass sie sich nicht an der Abstimmung beteiligt hatte. Die Lehrerin hatte dies jedoch bemerkt und fragte sie, wofür sie stimme, für London oder Berlin. Angelika wurde knallrot und der Schweiß brach ihr aus allen Poren. »Mir ist das egal«, murmelte sie schließlich kaum hörbar.

Die Klassenkameradinnen und -kameraden schauten Angelika wütend an, empfanden sie Angelikas Aussage doch als Verrat an ihrem Plan, nach London reisen zu wollen. Zu Angelikas Entsetzen wendete sich nun aber auch die Lehrerin ihr wütend zu und schrie sie an: »Kannst du dich nicht endlich mal entscheiden?! Bei dir weiß man nie, woran man ist.«

Da sich Angelika nun im Kreuzfeuer der Kritik befand und sich von beiden Seiten, von den Mitschülern ebenso wie von der Lehrerin angegriffen sah, brach sie in Tränen aus. »Mir ist doch egal, wohin wir fahren. Lasst mich doch bitte in Ruhe!«, brachte sie schluchzend hervor. Als sie später ihrer Mutter von diesem Vorfall erzählte und die Mutter sie fragte, wohin sie denn gerne fahren würde, war Angelikas Antwort wieder, ihr sei es egal, wohin die Reise gehe. »Ich möchte einfach mit niemandem einen Konflikt haben.«

Lange Zeit war Angelika unsicher, welche Berufsausbildung sie nach dem Abschluss der Schule absolvieren sollte. Immer wieder wendete sie sich mit dieser Frage an ihre Eltern und Geschwister. Wenn diese ihr antworteten, das müsse sie doch selbst entscheiden, fühlte sie sich völlig im Stich gelassen und beklagte sich bitter, niemand sei bereit, ihr zu helfen. Sie wisse doch nicht, welche Ausbildung sie wählen solle. Als die Eltern ihr schließlich vorschlugen, eine Ausbildung als Übersetzerin zu machen, griff Angelika diesen Vorschlag glücklich auf.

Die Ausbildung durchlief Angelika Weiß ohne Probleme. Als angenehm empfand sie es, dass ein klar definiertes Curriculum bestand und in jedem Semester genau vorgeschrieben war, welche Veranstaltungen sie zu besuchen hatte.

Auch an ihrer Arbeitsstelle als Übersetzerin hatte sie keine Probleme. Sie galt hier schon bald als eine sehr verlässliche und einsatzbereite Mitarbeiterin. Wann immer eine ihrer Kolleginnen sie bat, sie zu vertreten, stimmte Angelika Weiß sofort zu. Es war für sie selbstverständlich, für andere einzuspringen, und sie war auch bereit, schwierige Aufgaben zu übernehmen, für die sie eigentlich nicht genügend Kenntnisse besaß.

Genau dies war der Fall, als ein Kollege sie bat, für ihn die Übersetzung eines medizinischen Artikels ins Spanische zu übernehmen, der dringend am nächsten Montag fertig sein müsste. Er äußerte Frau Weiß gegenüber beiläufig, er habe am Wochenende mit seiner Freundin eine Reise geplant und sei bis jetzt nicht dazu gekommen, den Artikel zu übersetzen. Er sei ihr dankbar, wenn sie für ihn die Übersetzung fertigstellen würde. Eigentlich hatte Angelika Weiß vorgehabt, an diesem Wochenende ihre Eltern zu besuchen. Sie versprach ihrem Kollegen aber, die Übersetzung zu übernehmen, und sagte die Reise zu ihren Eltern ab.

Die Übersetzung stellte Angelika Weiß indes vor große Probleme. Sie hatte in der Ausbildung Spanisch nur als Nebenfach gehabt und fühlte sich darin überhaupt nicht sicher. Außerdem stellte sie beim Überfliegen des medizinischen Artikels, den ihr Kollege ihr auf den Schreibtisch gelegt hatte, mit Schrecken fest, dass es darin um ein kompliziertes neurobiologisches Thema ging. Da sie dem Kollegen versprochen hatte, die Übersetzung zu übernehmen, wagte sie jedoch nicht, ihm zu sagen, dass sie sich zu dieser Übersetzung nicht fähig fühle.

Das Wochenende wurde für Angelika Weiß zu einem Albtraum. Sie begann am Freitagabend, gleich nachdem sie nach Hause gekommen war, und arbeitete bis nach Mitternacht. In Anbetracht der Schwierigkeit des Textes und ihrer Ungeübtheit im Übersetzen ins Spanische hatte sie an diesem Abend von den 20 zu übersetzenden Seiten nur eine fertiggestellt.

Am Sonnabend saß sie von früh bis spät in die Nacht an der Arbeit, wieder nur mit einem verhältnismäßig geringen Erfolg. Um 8 Uhr am Sonntagabend waren immer noch drei Seiten zu übersetzen, und zudem musste Angelika Weiß den gesamten Text dann noch einmal sorgfältig auf Fehler hin prüfen. Nach einer kurzen Pause am Abend machte sie sich wieder an die Arbeit. Am Montagmorgen um 4 Uhr lag die Übersetzung endlich vor ihr. Sie war völlig erschöpft und verzweifelt, weil sie befürchtete, trotz aller Sorgfalt und etlichen Kontrollen noch viele Fehler übersehen zu haben.

Angelika Weiß war bei der Übernahme dieser Arbeit von Anfang an klar gewesen, dass es eine für sie schier unlösbare Aufgabe sein würde. Sie hatte jedoch nicht gewagt, die Bitte ihres Kollegen zurückzuweisen, obwohl sie andere Pläne gehabt hatte. Außerdem hatte sie, wenn sie sich selbst gegenüber ehrlich war, es eigentlich als eine Zumutung empfunden, dass ihr Kollege diese schwierige Arbeit an sie abschob und selbst ein unbeschwertes Wochenende mit seiner Freundin verbrachte. Sich zu wehren, hatte sie aber nicht fertiggebracht.

Kindheit, Jugendzeit und das Erwachsenenalter von Angelika Weiß zeigen eine Person, die ängstlich jeden Konflikt mit anderen Menschen zu vermeiden versucht, nie widerspricht und keine eigene Meinung zu äußern wagt, ja mitunter nicht einmal spürt, was sie selbst gerne hätte. Von früh an ist dies in der Familie Angelikas Verhalten im Umgang mit ihren älteren Geschwistern und den Eltern.

Es ist im Grunde verhängnisvoll, dass ein solches – eigentlich gehemmtes – Verhalten von der Umgebung oft sogar noch honoriert wird. Kinder dieser Art gelten als »brav«, »lieb«, »pflegeleicht« und ernten dafür Lob und Anerkennung. Dies bestärkt die Heranwachsenden natürlich in ihrem überangepassten, aggressionsgehemmten Verhalten, erhalten sie auf diese Weise doch etwas von dem, was sie so inständig suchen: nämlich Liebe und Anerkennung.

Letztlich ist es indes aber keine bedingungslose Liebe, die sie von ihren Bezugspersonen erhalten, sondern die Anerkennung ist an das »Bravsein« geknüpft. Auf diese Weise entwickelt sich eine Abhängigkeit von anderen Menschen, die für jemanden wie Angelika Weiß den Kompass ihres Lebens darstellt. Was immer die anderen wollen oder was Angelika Weiß vermutet, dass sie von ihr erwarten könnten, tut sie. Dadurch wirkt sie auch als Erwachsene freundlich, hilfsbereit und entgegenkommend.

Sobald jedoch ein solcher Mensch sich eine eigene Meinung bilden soll, und vor allem wenn es darum geht, diese Meinung dann auch der Umgebung gegenüber zu vertreten, gerät er in größte Bedrängnis. Eine solche Situation erlebte Angelika Weiß in der Schulzeit, als es in ihrer Klasse um die Abstimmung über das Ziel der Abiturreise ging.

Es ist charakteristisch, dass die beziehungsabhängige Person sich in solchen Situationen oft »zwischen alle Stühle setzt«. Sie will sich, wie Angelika Weiß bei der Abstimmung in der Klasse, nicht festlegen, um es mit niemandem zu verderben, weder mit den Mitschülern noch mit der Lehrerin. Doch genau wegen dieser Unentschiedenheit und der Ausflucht »Es ist mir egal« richten sich am Ende die Aggressionen aller Interaktionspartner gegen die abhängige Person.

Hinter einer solchen Entwicklung stehen, wie bei den anderen Formen der dependenten Persönlichkeiten, ein mangelndes Selbstwertgefühl und, dadurch bedingt, die Neigung, sich anderen Menschen total zu unterwerfen, sich nach deren Meinung zu richten und alles Eigene zu unterdrücken.

Mitunter keimt in einem solchen Menschen zwar ansatzweise so etwas wie Mut und der Wunsch auf, einmal Nein zu sagen. Bei Angelika Weiß geschah dies vermutlich in dem Moment, als sie sich nach dem Wochenende mit der sie völlig überfordernden Übersetzungsarbeit darüber klar wurde, wie unverschämt es von ihrem Kollegen gewesen war, diese schwierige, aufwändige Übersetzung an sie abzuschieben, um selbst ein unbeschwertes Wochenende genießen zu können. Als besonders bitter hat sie es sicher auch empfunden, dass sie auf ihren eigenen Plan, die Eltern zu besuchen, seinetwegen wie selbstverständlich verzichtete und sich die unangenehme Arbeit des Kollegen aufbürden ließ.

Der Schriftsteller Martin Walser hat in seinem Roman »Statt etwas oder Der letzte Rank« diesen Konflikt zwischen dem Wunsch, endlich einmal aufzubegehren, und der schließlich wieder erfolgenden Unterwerfung eindrücklich mit den folgenden Sätzen beschrieben: »... er passte sich andauernd an vor lauter Angst, Schwäche und Gefallsucht. [...] Da dachte er, dass es sich doch eigentlich lohnen würde, mutig zu sein. Er fühlte sich wirklich verlockt, auch einmal mutig zu sein. Aber dann klappte er gleich wieder zusammen vor Angst. Er wusste doch, dass bei ihm das Mutigsein anders enden würde. Mit einer Blamage. Oder noch wahrscheinlicher mit einer Art Vernichtung. Er würde sich entblößen, und irgendjemand oder alle würden auf ihn einschlagen. Anders konnte er sich das nicht vorstellen.«[6] Martin Walser schildert in diesen Passagen treffend die Dynamik der beziehungsabhängigen Person, die sich anderen Menschen um jeden Preis, bis zur Selbstaufgabe, anpasst und unterwirft. Wenn der Schriftsteller »Angst, Schwäche und Gefallsucht« als Grund für die extreme Anpassung nennt, so sind dies tatsächlich auch aus psychologischer Perspektive die Ursachen des abhängigen Verhaltens. Ich würde lediglich statt »Gefallsucht« lieber die Umschreibung »verzweifelte Suche nach Anerkennung« wählen. Denn dieses Streben nach Liebe und Anerkennung ist es, was die dependente Persönlichkeit letztlich veranlasst, so viel Unangenehmes auf sich zu nehmen und so viel an Unentschiedenheit zu ertragen.

Wenn Sie selbst eine solche Persönlichkeitsstruktur besitzen, spüren Sie sicher auch den gelegentlichen Wunsch aufzubegehren und »mutig zu sein«, wie Martin Walser es beschreibt. In diesem Fall kennen Sie aber auch die Angst und Mutlosigkeit, die einem solchen Impuls folgen und dazu führen, dass Sie wieder »vor Angst zusammenklappen«, wie der Schriftsteller es ausdrückt. Charakteristisch für beziehungsabhängige Menschen ist auch die im Verlauf ihres Lebens zur Gewissheit gewordene Erwartung, dass der Versuch des Mutigseins von Anfang an zum Scheitern verurteilt ist und bei ihnen anders als bei anderen Menschen enden wird, nämlich in Martin Walsers Formulierung »mit einer Blamage« bzw. »mit einer Art von Vernichtung«.

Als beziehungsabhängige Person werden Sie diese quälenden, jede Eigeninitiative hemmenden Gedanken und Gefühle bestens kennen. Vielleicht haben Sie einmal zaghaft versucht, in einer Diskussion Ihre eigene Meinung zu äußern. Und niemand hat wahrgenommen, dass Sie etwas gesagt haben. In der Erwartung, dass das, was Sie sagen wollten, ja doch falsch sei, und Sie sich dadurch lächerlich machen würden, haben Sie wahrscheinlich leise und undeutlich gesprochen und sind, als niemand reagiert hat, gleich wieder verstummt.

Auch als Angehöriger oder Freundin eines Menschen mit einer solchen Beziehungsabhängigkeit werden Sie diese ängstlich-zögernde Haltung Ihres Kindes, Ihrer Mutter oder Ihres Freundes kennen. Wenn Sie selbst gerne den Ton angeben, wird es Ihnen gefallen, dass Ihre Angehörige oder Ihr Freund Ihnen nicht ins Wort fällt, sondern still zuhört und sich kritiklos Ihrer Meinung anschließt. Vielleicht möchten Sie aber lieber eine selbstbewusste Freundin oder einen selbstbewussten Angehörigen haben. In dem Fall wird Sie die Überangepasstheit der dependenten Person ärgern. Vielleicht werden Sie sie sogar heftig kritisieren und ihr, wie die Lehrerin von Angelika Weiß, vorwerfen, sie solle sich doch endlich einmal klar äußern. Sie wüssten nie, woran Sie bei ihr seien.

Allerdings werden Sie im Allgemeinen die Erfahrung machen, dass Kritik dieser Art keine Verhaltensänderung bringt. Ihr Angehöriger oder Ihr Freund mit einer solchen Abhängigkeitsbeziehung wird sich dadurch verletzt und unter einen unerträglichen Druck gesetzt fühlen.

Nach seiner Wahrnehmung versucht er doch geradezu verzweifelt, es Ihnen recht zu machen – und nun erntet er dafür nicht die erhoffte Anerkennung, sondern im Gegenteil Kritik, durch die er sich zutiefst beschämt fühlt.

Die durch die Abhängigkeitsbeziehung bedingte Überanpassung hat für einen solchen Menschen eine weitere negative Folge: Sie schwächt sein ohnehin bereits fragiles Selbstwertgefühl noch weiter. Ihre dependente Angehörige oder Freundin spürt sehr wohl, dass sie aus Unsicherheit und Angst vor Konflikten ihre eigene Meinung nicht äußern mag und alle Eigenständigkeit unterdrückt. Auch wenn dies im Verlauf der Jahre zu einer weitgehend automatisierten Reaktionsform geworden ist, verachtet sie sich dafür letztlich jedoch zutiefst. Es ist die *Scham*, von der der Schriftsteller Martin Walser spricht, und die ihr zugrunde liegende *Selbstverachtung.*

Wenn Sie Ihrer Angehörigen oder Ihrer Freundin, die unter einer Beziehungsabhängigkeit dieser Art leidet, etwas Gutes tun wollen, kritisieren Sie sie nicht für ihr überangepasstes Verhalten, sondern *ermuntern* Sie sie dazu, ihre eigene Meinung zu äußern. Dabei ist es wichtig, dass Sie alle Zeichen, die auch nur ansatzweise ein eigenständiges Verhalten erkennen lassen, ernst nehmen und darauf reagieren. Unbedingt vermeiden sollten Sie jegliche Reaktion, durch die Ihre beziehungsabhängige Angehörige oder Freundin sich beschämt fühlen könnte.

Wenn es um Ihr dependentes Kind geht, könnte eine konstruktive Unterstützung beispielsweise so aussehen, dass Sie sich bei einer für das Leben Ihres Kindes wichtigen Entscheidung nicht dazu drängen lassen, dem Kind die Entscheidung abzunehmen. Ich habe in der Darstellung des Lebens von Angelika Weiß beschrieben, dass sie hinsichtlich ihrer Berufswahl völlig unsicher war und ihre Eltern ihr schließlich rieten, eine Ausbildung als Übersetzerin zu absolvieren, was sie dann auch machte. Dies mag im ersten Augenblick für Angelika Weiß eine Hilfe gewesen sein, hat aber letztlich ihre Unselbstständigkeit noch verstärkt und ihr das Gefühl gegeben, selbst nicht fähig zu sein, eine Entscheidung zu treffen.

In einem solchen Fall ist es für Ihre beziehungsabhängige Angehörige hilfreich, wenn Sie mit ihr zusammen die Frage ihrer Berufswahl diskutieren. Es ist nicht sinnvoll und würde von Ihrer Angehörigen auch nur als Zeichen Ihrer Ablehnung und als Im-Stich-gelassen-Werden interpretiert, wenn Sie sich ihrer Bitte nach Unterstützung total verweigerten. Hilfreich kann es hingegen sein, ein Problem *mit ihr zusammen* zu diskutieren und sie bei der *Bildung einer eigenen Meinung zu unterstützen.* Wenig hilfreich ist es, wenn Sie der abhängigen Person einen konkreten Rat geben. Diskutieren Sie vielmehr die verschiedenen Berufsmöglichkeiten mit Ihrer Angehörigen und versuchen Sie mit ihr zusammen, konkrete Varianten zu finden oder sie an eine kompetente Beratungsstelle zu verweisen. Falls Ihre Angehörige aus Unsicherheit und Angst auch diesen Schritt nicht zu tun wagt, können Sie ihr allenfalls anbieten, sie zu einer Beratungsstelle zu begleiten. Auf diese Weise ebnen Sie ihr den Weg zu einer eigenständigen Entscheidung, ohne sie jedoch in ihrer Wahl zu beeinflussen.

### Auf den Punkt gebracht

- Menschen, die nachgiebig sind und eigene Ansprüche hinter die Wünsche anderer Menschen zurückstellen, sind oft beliebt.
- Kritik richtet sich gegen sie allerdings dann, wenn die Bezugspersonen spüren, dass die Folge ihres »entgegenkommenden« Verhaltens eine gewisse Unverbindlichkeit ist.
- Das unentschlossene Verhalten, durch das Konflikte mit den Bezugspersonen vermieden werden sollen, führt fatalerweise zu Konflikten, weil niemand bei einer solchen Person weiß, woran er ist.
- Es ist eine verhängnisvolle Folge von Abhängigkeitsbeziehungen dieser Art, dass die betreffende Person ihre eigenen Bedürfnisse mitunter extrem zurückstellt und für andere Menschen Aufgaben übernimmt, die sich sehr belastend für sie auswirken können.
- Der Konfliktscheu liegt im Allgemeinen ein mangelndes Selbstwertgefühl zugrunde. Daher wagt ein solcher Mensch es nicht, eine eigene Meinung zu vertreten.
- Diese Überanpassung wird in der Kindheit oft als »brav«, »lieb«, »pflegeleicht« gelobt und sogar noch gefördert. Im Erwachsenenalter jedoch wird eine solche Person kritisiert, sie habe keine eigene Meinung und man wisse nie, woran man bei ihr sei.

## Was Sie als beziehungsabhängige Person tun können

- Versuchen Sie, Ihre eigenen Gefühle wahrzunehmen und zu spüren, was Sie selbst möchten.
- Seien Sie mutig, auch einmal eine eigene Meinung zu vertreten, selbst wenn diese nicht allen gefällt. Dies bringt Ihnen letztlich mehr Anerkennung ein als ein Unterdrücken jeglicher eigener Überzeugungen.
- Seien Sie sich der Gefahr bewusst, dass Sie für Ihre Überanpassung einen hohen Preis zahlen, indem Sie Ihre Persönlichkeitsentwicklung behindern.
- Täuschen Sie sich nicht darüber, dass Sie sich durch Ihre Unentschlossenheit am Ende unter Umständen »zwischen alle Stühle setzen« und Sie von allen Seiten Vorwürfe bekommen – obwohl Sie durch Ihr Verhalten doch gerade Konflikte vermeiden wollten!

## Was Sie als Angehöriger oder Freundin tun können

- Es ist zwar gut, wenn Sie Ihr beziehungsabhängiges Kind oder Ihre Freundin ermuntern, etwas mehr Selbstständigkeit zu zeigen. Vermeiden Sie jedoch vorwurfshafte Formulierungen, welche die dependente Person als Verletzung und unerträglichen Druck empfindet.
- Zeigen Sie der beziehungsabhängigen Person vorsichtig die Nachteile ihrer Überangepasstheit auf.
- Sie können Ihrer dependenten Angehörigen oder Freundin eine große Hilfe leisten, wenn Sie gemeinsam mit ihr Schritte in die Selbstständigkeit planen und sie auf diesem Weg ein Stück weit begleiten, ohne dabei ihre Autonomie zu beschneiden. Oberstes Ziel muss immer die Förderung der Selbstständigkeit der dependenten Person sein.

## 6. »Ich mach mein Ding!« – »Wenn jemand unabhängig ist, dann er ...«

Wenn in den bisherigen Kapiteln die Rede von Menschen war, die sich aufgrund ihrer Beziehungsabhängigkeit hilfesuchend an Angehörige und Freunde klammern, keine eigenen Entscheidungen zu treffen wagen und jegliche Eigenständigkeit unterdrücken, geht es in diesem Kapitel um Menschen, die auf den ersten Blick alles andere als dependent wirken. Sie scheinen das krasse Gegenteil zu beziehungsabhängigen Personen zu sein: Sie wirken selbstsicher, reagieren geradezu allergisch auf jeglichen Rat und auf Situationen, in denen sie nicht nach ihrer Meinung gefragt werden, und pochen in einer mitunter extremen Art auf ihre Unabhängigkeit. Dass wir es auch bei ihnen mit Menschen zu tun haben, die unter einer Beziehungsabhängigkeit leiden, zeigt sich am ehesten an der Heftigkeit, mit der sie um ihre Unabhängigkeit kämpfen.

Wenn Sie eine solche Person unter Ihren Angehörigen und Freunden haben, haben Sie sich sicher schon oft darüber gewundert, warum diese Person so heftig reagiert, wenn ihre Autonomie auch nur vermeintlich angetastet wird. Vielleicht haben Sie sich in derartigen Situationen auch schon die Frage gestellt, ob es mit der Selbstsicherheit Ihres Angehörigen oder Freundes wirklich so gut bestellt ist, wie er es seiner Umgebung – und sich selbst! – gegenüber zu zeigen versucht. Tatsächlich kann das forcierte Streben nach Unabhängigkeit ein überkompensierendes Verhalten sein, hinter dem eine zutiefst verunsicherte dependente Persönlichkeit steht.

Jan Glauser war als einziges Kind von Eltern aufgewachsen, die bei seiner Geburt schon relativ alt waren. Die Mutter hatte sich immer Kinder gewünscht, hatte aber die Hoffnung auf Kinder schon längst aufgegeben, als sie überraschenderweise mit 44 Jahren doch noch schwanger wurde. Der Vater war bei Jan Glausers Geburt bereits 54 Jahre alt. Die Eltern erzogen den Sohn sehr streng und legten großen Wert darauf, dass er sich ihre Verhaltensnormen und ihre Weltsicht zu eigen machte.

Jan Glauser fügte sich diesen Forderungen und war als Kind bis in die ersten Grundschuljahre eher scheu und ängstlich. Er suchte Konflikten mit seinen Eltern und Kameraden nach Möglichkeit auszuweichen und passte sich in starkem Maße seiner Umgebung an.

Während der Pubertät kam es jedoch zu einer zunehmend spürbaren Veränderung seines Verhaltens. Zunächst hielten die Eltern dies für eine pubertäre Trotzhaltung und versuchten, den Sohn mit Strafen, etwa mit Liebesentzug und diversen Verboten (z. B. wochenlangem Fernsehverbot, Hausarrest und Streichung des Taschengeldes), wieder »auf den rechten Weg« zu bringen. Zum Entsetzen der Eltern beugte sich Jan nun aber plötzlich nicht mehr ihrem Diktat, sondern brauste bei der geringsten Kritik auf und setzte sich zunehmend über alle elterlichen Regeln hinweg.

Dies ging so weit, dass Jan an seinem 16. Geburtstag den Eltern eröffnete, sie hätten ihm überhaupt nichts mehr zu sagen. Er entscheide ab jetzt allein über sein Leben. Tatsächlich verhielt er sich von diesem Tag an im Haus seiner Eltern wie ein Untermieter, der sie in keiner Weise mehr an seinem Leben Anteil nehmen ließ.

Die Eltern fühlten sich unfähig, mit dieser Situation umzugehen. »Wir kommen in unserem Alter, ich mit 60 und mein Mann mit 70, nicht mehr gegen Jan an«, gestand seine Mutter einer ihrer Freundinnen. »Wenn er selbstständig ist und für sich sorgen kann, ist das ja gut. Er kämpft aber wie ein Löwe für seine Unabhängigkeit und reagiert total allergisch, wenn er sich in irgendeiner Hinsicht eingeschränkt fühlt.« Dieser Eindruck der Mutter entsprach genau dem, was Jan Glauser auch empfand. Wenn er ehrlich sich selbst gegenüber war, musste er zugeben, dass tief in ihm immer noch der kleine ängstliche, scheue Jan steckte. Darüber hatte er aber, wie eine Rüstung, eine harte Schale von betonter Selbstsicherheit und einem geradezu unbändigen Streben nach Unabhängigkeit gelegt.

Deutlich zeigte sich Jan Glausers vehementer Kampf für die eigene Unabhängigkeit später auch im beruflichen Bereich. Aufgrund seiner hohen Intelligenz und seines großen Ehrgeizes schloss er die Schule und das Studium der Volkswirtschaftslehre mit besten Noten ab. Schnell arbeitete er sich in der Firma, in die er eintrat, empor und hatte mit 31 Jahren eine leitende Stellung erreicht.

Jan Glauser wurde zwar wegen seines enormen Einsatzes und seiner beruflichen Erfolge geachtet und von manchen Mitarbeitenden sogar bewundert. Gern hatte ihn aber eigentlich niemand. Als Vorgesetzter war er berüchtigt für seine Wutanfälle, sobald er den Eindruck gewann, jemand wolle ihm »dreinreden«. »Sie brauchen nicht zu meinen, mich belehren zu müssen. Wenn es Ihnen nicht passt, in meinem Team zu arbeiten, dann suchen Sie sich einen anderen Job. Hier entscheide ich, was zu tun ist!«, war eine seiner üblichen Reaktionen, sobald er sich auch nur im Geringsten beeinflusst fühlte. Dies konnte so weit gehen, dass er einen langjährig in der Firma tätigen Mitarbeiter fristlos entließ, weil dieser angeblich »illoyal« sei und permanent die Entscheidungen seines Vorgesetzten »anzweifle«.

So unabhängig ein solches Verhalten auf Jan Glausers Umgebung auch wirken mochte, so wenig war es jedoch Ausdruck echter Autonomie. Sobald jemand ihm zu widersprechen wagte oder auch nur einen Vorschlag machte, begann Jan Glauser innerlich zu zittern und empfand sich als ängstliches, unselbstständiges Kind, das von den Eltern kritisiert wurde. Seine Wut stellte in dieser Situation den verzweifelten Versuch dar, sich selbst und seiner Umgebung gegenüber seine Abhängigkeit zu verleugnen und sich den Anschein von totaler Unabhängigkeit zu geben.

Wie wenig dies der Realität entsprach, zeigte sich nicht zuletzt daran, dass eine solche Auseinandersetzung mit seinen Mitarbeitenden ihm mitunter tagelang nachging und ihn nachts unter Umständen stundenlang wach hielt. In seinem Nachgrübeln über diese Auseinandersetzung war er nun nicht mehr der mächtige, seine Ansprüche rücksichtslos durchsetzende Vorgesetzte, sondern empfand sich in einer kindlich-ohnmächtigen Position, aus der er sich nur durch Wutanfälle zu befreien vermochte.

Das Auffallendste in der Biografie von Jan Glauser ist der in der Pubertät eintretende Wandel von dem ängstlich-scheuen, überangepassten Kind zu dem später im Beruf unabhängig wirkenden, despotischen Vorgesetzten. Die bei seiner Geburt mit 44 und 54 Jahren schon relativ alten Eltern haben anfangs mit Erfolg versucht, ihrem Sohn ihre Normen und ihre Weltsicht aufzuoktroyieren, und haben ihn damit weitgehend abhängig von sich gemacht. Die Folge waren sein ängstlich-scheues Verhalten und seine Tendenz, Konflikten aus dem Weg zu gehen und sich den Eltern und Kameraden zu unterwerfen.

Das Nachlassen der Kräfte der Eltern und der Aktivitätsschub, den die Pubertät bei Jan Glauser mit sich brachte, führten dann jedoch zu dem für seine Umgebung überraschenden scheinbaren Befreiungsschlag, als er den Eltern im Alter von 16 Jahren mitteilte, dass sie ihm nichts mehr zu sagen hätten und er sein Leben von nun an selbst in die Hand nehme.

Vielleicht haben Sie als Mensch mit einer Beziehungsabhängigkeit dieser Art bei sich selbst etwas Ähnliches beobachtet und hatten den Eindruck, damit die in der Kindheit erlebte Abhängigkeit und Ohnmacht abgeschüttelt zu haben. Vielleicht ist es Ihnen aber auch ähnlich wie Jan Glauser ergangen und Sie haben gespürt, dass Sie sich im Verlaufe der Zeit zwar eine harte Schale zugelegt haben, tief im Innern aber immer noch das ängstliche-abhängige Kind sind.

Als Angehöriger oder Freundin mögen Sie ähnlich verwirrt sein, wenn Sie Zeuge einer so überraschenden Verhaltensänderung werden. Eigentlich könnten Sie ja erfreut sein, dass die früher so unselbstständige Person plötzlich selbstbewusst auftritt und sich nicht mehr der Meinung ihrer Umgebung unterwirft. Doch wird Sie in Anbetracht einer so radikalen Änderung – mit Recht – ein Unbehagen beschleichen und Sie werden sich fragen, ob es sich bei Ihrem Angehörigen oder Ihrer Freundin tatsächlich um eine echte innere Wesensänderung oder nur um eine äußerliche Verhaltensänderung handelt.

Auch wenn das Letztere, wie bei Jan Glauser, der Fall ist, tun Sie Ihrem Angehörigen oder Ihrer Freundin keinen Gefallen, wenn Sie diese harte Schale infrage stellen. Obschon es sich um eine Überkompensation der zugrunde liegenden Beziehungsabhängigkeit handelt, vermittelt die harte Schale der dependenten Person doch immerhin einen gewissen Schutz vor dem Sog, der von der Abhängigkeitsdynamik ausgeht und sie in den Strudel der Unselbstständigkeit und ängstlichen Überanpassung zu ziehen droht.

Dabei ist jedoch klar, dass auch die überkompensierende forcierte Unabhängigkeit keine konstruktive Lösung ist. Im Allgemeinen bedarf es zur Aufarbeitung dieser Dynamik fachlicher Hilfe. Dann kann im Rahmen einer Psychotherapie die Diskrepanz zwischen dem ängstlich-abhängigen Kind und der forcierten Selbstständigkeit bearbeitet und die daraus entstandene innerpsychische Spannung abgebaut werden.

Als Angehöriger oder Freundin können Sie vor allem bei der *Entwicklung von Motivation*, eine Psychotherapie zu beginnen, behilflich sein. Menschen wie Jan Glauser äußern nämlich von sich aus oft keinen Wunsch, eine Therapie aufzusuchen. Sie haben sich mit ihrer harten Schale der scheinbaren Selbstsicherheit einen einigermaßen wirksamen Schutz vor dem Leiden, das aus ihrer Abhängigkeit entsteht, geschaffen. Wie am Beispiel von Jan Glauser geschildert, ist dies jedoch nur eine relative Sicherheit. Die Abhängigkeitsthematik ist und bleibt eine das Leben dieser Personen prägende Dynamik. Sie mögen sich noch so selbstsicher, ja selbstherrlich und autonom präsentieren – das schwache, ohnmächtige Kind in ihrem Inneren ist stets präsent.

Als selbst unter einer Beziehungsabhängigkeit dieser Art leidender Mensch ist Ihnen das quälende Kreisen der Gedanken um Situationen, in denen Sie den Eindruck hatten, Ihre Autonomie sei nicht respektiert worden, wahrscheinlich bestens bekannt. Sicher haben Sie sich auch, wie Jan Glauser, in dem Moment, in dem Sie die andere Person Ihre Wut haben spüren lassen, zunächst einen Augenblick lang mächtig und unabhängig gefühlt.

Indem Sie eine andere Person von Ihrer Entscheidung abhängig machen und Macht über sie ausüben, sie beispielsweise, wie Jan Glauser es getan hat, entlassen, versuchen Sie sich selbst zu beweisen, dass Sie unabhängig sind und selbstbestimmt handeln. Doch tief im Inneren spüren Sie sicher auch, dass dies ein letztlich untauglicher Lösungsversuch ist. Andere Menschen von sich abhängig zu machen, nährt zwar bei Ihnen vielleicht die Illusion, autonom zu sein. Doch befreit ein solches Verhalten letztlich nicht von der in Ihnen wirksamen Abhängigkeitsdynamik mit der daran geknüpften Angst und Unsicherheit. Die Ritterrüstung der forcierten Unabhängigkeit mag noch so widerstandsfähig wirken. Die Achillesferse der tief in Ihrer Persönlichkeit bestehenden Abhängigkeit bleibt jedoch bestehen.

Eine Tragik der dependenten Persönlichkeit liegt zudem darin, dass sie sich aufgrund ihrer Psychodynamik ja eigentlich nach Liebe und Anerkennung sehnt. Die bei Jan Glauser beschriebene Persönlichkeitsentwicklung zeigt nun aber, dass Menschen wie er gerade nicht geliebt, sondern höchstens aufgrund ihrer großen Leistungen geachtet, zumeist aber wegen ihrer Härte gefürchtet werden.

Wenn Sie bei sich selbst die beschriebenen Persönlichkeitszüge und Verhaltensweisen beobachten, sollte Ihnen die Diskrepanz zwischen Ihrem Wunsch nach Liebe und Akzeptanz und der Realität, dass Sie vor allem gefürchtet werden, zu denken geben. Vielleicht hilft Ihnen dies bei der Entscheidung, psychotherapeutische Hilfe zu suchen. Sie müssen nicht Ihr Leben lang in dieser quälenden Situation ausharren, sondern können sich in der Psychotherapie mit den Ursachen dieser Entwicklung auseinandersetzen und eine stabile Selbstsicherheit gewinnen, die Ihnen ein im echten Sinne selbstbestimmtes Leben ermöglicht.

### Auf den Punkt gebracht

- Manche beziehungsabhängige Menschen betonen gegenüber ihrem sozialen Umfeld in besonders starkem Maße ihre Autnonomie und Unabhängigkeit. Dies stellt den überkompensierenden Versuch dar, gegen ihre verborgene Neigung zu Abhängigkeitsbeziehungen zu kämpfen.
- Tief im Innern eines solchen Menschen bleibt aber das Bild des ängstlich-ohnmächtigen Kindes lebendig.
- Es kann zur Veränderung vom scheuen, sich an andere Menschen anlehnenden Kind zum überkompensierend seine Unabhängigkeit demonstrierenden Erwachsenen kommen.
- Menschen dieser Art suchen von sich aus im Allgemeinen keine fachliche Hilfe. Sie haben die »harte Schale« als Schutz vor dem Sog der Abhängigkeitsbeziehung aufgebaut und erreichen damit oft auch beruflich große Erfolge. Psychotherapeutische Hilfe, die sie dann gerne als »Coaching« bezeichnen, suchen sie höchstens, wenn es zu einem Burn-out kommt oder Beziehungen zerbrechen, die ihnen wichtig sind.

### Was Sie als beziehungsabhängige Person tun können

- Bringen Sie das tief in Ihrem Innern lebendige ängstlich-ohnmächtige Kind nicht total zum Schweigen, sondern hören Sie auf es und nehmen Sie seine Not ernst.

- Machen Sie sich bewusst, dass Sie durch Ihre überkompensierende »harte Schale« nicht die Liebe und Anerkennung finden, die Sie im Grunde suchen.
- Warten Sie mit dem Beginn einer Psychotherapie nicht, bis Sie einen Burn-out haben oder Beziehungen, die Ihnen wichtig sind, zerbrechen. Durch die Auseinandersetzung mit dem ängstlichen, anlehnungsbedürftigen Kind in Ihrem Innern und mit Ihrer »harten Schale« werden Sie nicht wieder schwach und beeinflussbar, wie Sie es in der Kindheit erlebt haben, sondern Sie werden stärker und werden sich wohler fühlen.

### Was Sie als Angehöriger oder Freundin tun können

- Lassen Sie sich durch die »harte Schale« nicht blenden und sehen Sie dahinter das ängstlich-ohnmächtige Kind im Innern der beziehungsabhängigen Person.
- Stellen Sie die »harte Schale« nicht infrage. Die braucht Ihr Angehöriger zum Schutz vor dem Sog, der ihn in die Abhängigkeit ziehen könnte.
- Sprechen Sie aber durchaus die »weichen« Seiten Ihres Freundes an und zeigen Sie selbst auch »weiche« Seiten wie Angst, Sorge und Unsicherheit. Dadurch können Sie Ihrem Angehörigen signalisieren, dass es nicht nur die »harte Schale« gibt.
- Sie können auf diese Weise oder auch dadurch, dass Sie die Probleme, die Sie bei Ihrer Angehörigen oder Ihrem Freund spüren, direkt ansprechen, bei der Entwicklung von Motivation für eine Psychotherapie behilflich sein. Wenn Sie spüren, dass der Begriff »Psychotherapie« bei Ihrer Angehörigen zu negativ besetzt ist, raten Sie ihr zu einer »fachlichen Beratung« oder zu einem »Coaching«.

## 7. »Die Gemeinschaft gibt mir endlich ein Gefühl von Familie« – »Wir haben jeglichen Einfluss auf sie verloren«

Aufgrund von Beziehungsabhängigkeit kommt es nicht nur zwischen einzelnen Personen zu unheilvollen Interaktionen, sondern diese Probleme können sich auch in Gruppenkontexten manifestieren. In diesem Fall kommen indes gruppendynamische Faktoren hinzu, welche die Situation unter Umständen nochmals komplizierter werden lassen. Dies gilt vor allem dann, wenn es um fundamentalistisch-charismatische religiöse Gruppierungen geht, die einen starken Sog auf dependente Menschen ausüben und Abhängigkeiten schaffen, aus denen sich die Betreffenden oft nicht ohne fremde Hilfe befreien können.

Laura Meier stammte aus einem konservativen Elternhaus. Sie war Einzelkind und galt als »brav«, »leicht lenkbar« und eher unsicher. Sie widersprach den Eltern nie und gab sich Mühe, es ihnen recht zu machen und keine Konflikte mit ihnen entstehen zu lassen. Im sozialen Kontakt war sie scheu und, wie der Klassenlehrer den Eltern gegenüber kritisch anmerkte, »überangepasst«. Laura beteilige sich zwar an den Aktivitäten ihrer Mitschülerinnen und Mitschüler, entfalte dabei aber keine Eigeninitiative. Der Lehrer charakterisierte ihr Verhalten mit den Worten: »Sie ist eine Mitläuferin und froh, wenn jemand den Ton angibt und ihr sagt, was sie tun soll. So vermeidet sie zwar Konflikte mit ihren Peers. Aber ich frage mich: Hat Laura denn gar keine eigenen Ideen und Wünsche?« Der Klassenlehrer fügte hinzu, ihm bereite diese Entwicklung einige Sorge.

Lauras Eltern fanden das Verhalten ihrer Tochter indes in keiner Weise auffällig. Sie waren im Gegenteil der Ansicht, es sei ein gutes Zeichen, dass sie sich so gut in die Gruppe der Gleichaltrigen einfügen könne.

Als zwei von Lauras engsten Freundinnen sie fragten, ob sie mit ihnen zusammen zu Veranstaltungen einer freikirchlichen Gemeinde mitkommen würde, stimmte sie zu, obwohl sie sich eigentlich nicht für religiöse Themen interessierte. Der für die Jugendarbeit zuständige Pfarrer organisierte verschiedene Veranstaltungen, an denen die drei Mädchen teilnahmen, darunter spezielle Jugendgottesdienste, in denen musiziert, gesungen und getanzt wurde, sowie Wochenendausflüge und in den Sommerferien ein einwöchiges Jugendlager.

Nach einem dieser Wochenendausflüge zusammen mit anderen Jugendlichen berichtete Laura ihren Eltern begeistert: »Das sind wirkliche Christen! Sie reden nicht nur von Gott, sondern Christus ist das Zentrum ihres Lebens.« Die Eltern waren erstaunt, dass ihre Tochter, die ursprünglich nur wegen ihrer Freundinnen an den Aktivitäten der freikirchlichen Jugendgruppe teilgenommen hatte, plötzlich mit einer solchen Begeisterung von dieser Gemeinschaft sprach. Sie gingen aber nicht weiter auf Lauras Bericht ein.

Da Laura sonst scheu und zurückhaltend gewesen war, empfanden die Eltern es als Entwicklungsfortschritt, dass sie nun so begeistert von der Jugendgruppe war und sich intensiv an deren verschiedenen Aktivitäten beteiligte. Rückblickend mussten sie sich eingestehen, dass sie Laura in dieser Zeit – es war um ihr 16./17. Lebensjahr herum – sich weitgehend selbst überlassen und sich nicht darum gekümmert hatten, welchen Einfluss der Pfarrer und die anderen Jugendlichen auf ihre Tochter ausübten.

Die Eltern wurden erst hellhörig, als Laura ihnen kurz vor ihrem 18. Geburtstag eröffnete, sie werde die Lehre als Floristin, die sie nach Abschluss der Schule begonnen hatte, abbrechen und in eine Wohngemeinschaft dieser freikirchlichen Gemeinschaft einziehen. Auf die erstaunte Frage der Eltern, wie es denn dann mit einer beruflichen Ausbildung weitergehen solle, entgegnete Laura nur, das werde sich zeigen. »Ich werde das mit Markus, unserem Pfarrer, noch besprechen. Er weiß, was für mich gut ist.«

Erst in diesem Gespräch spürten die Eltern, wie weit Laura sich bereits von ihnen entfernt hatte und wie wichtig ihr die freikirchliche Gruppe und vor allem deren Leiter geworden waren. Die Mutter versuchte, Laura umzustimmen und bat sie inständig, sich doch bei der staatlichen Berufsberatungsstelle beraten zu lassen. Die Tochter wies dies jedoch strikt zurück und begründete ihren Auszug aus dem Elternhaus damit, sie wolle ihr Leben von nun an Jesus Christus weihen. Er werde sie auf den für sie rechten Weg führen, wie er ihn ja auch den anderen Mitgliedern der Gemeinschaft zeige.

Hatten die Eltern beim Auszug der Tochter noch gemeint, dies sei eine »pubertäre Machtdemonstration«, Laura werde bald merken, dass das Leben in der religiösen Gemeinschaft ihr gar nicht entspreche, so mussten sie im Laufe der folgenden Monate eine immer größer werdende Entfremdung der Tochter feststellen. Laura kam nur noch äußerst selten ins Elternhaus, eigentlich nur, um irgendwelche persönlichen Dinge zu holen, die noch dort waren. Bei solchen Anlässen wechselte sie lediglich ein paar belanglose Worte mit den Eltern. Auf Fragen nach der Adresse der Gemeinschaft, von der Laura anfangs lediglich gesagt hatte, sie sei in einem Bauernhaus in der Nähe ihrer Heimatstadt, und auf die Frage, wie es ihr dort denn gehe, kam die stereotype Antwort: »Das geht euch nichts an! Jetzt habe ich endlich eine richtige Familie gefunden.«

Auf Fragen nach ihren beruflichen Plänen antwortete Laura entweder nicht oder schnitt den Eltern bei den wenigen Treffen, die sie miteinander hatten, das Wort ab mit dem Hinweis: »Das geht euch gar nichts an. Ich bespreche das in unserem Hauskreis.«

Als Lauras Mutter eines Tages den Kontostand auf Lauras Sparkonto anschaute – sie hatte noch eine Vollmacht darüber, nachdem Laura vor etlichen Jahren von den Großeltern eine größere Summe vererbt bekommen hatte –, stellte sie mit Erstaunen fest, dass die Tochter offenbar regelmäßig Geld von diesem Konto abhob. Von den ursprünglich 10 000 Euro waren nur noch gut 4000 Euro übrig.

Die Mutter versuchte daraufhin, Laura telefonisch zu erreichen, um mit ihr die finanzielle Situation zu besprechen. Als sie jedoch Lauras Handy-Nummer wählte, hieß es, diese Nummer sei nicht mehr in Betrieb. Später erfuhr sie von der Tochter, dass Handys in der Gemeinschaft nicht erlaubt seien. Laura hatte den Handy-Vertrag deshalb unmittelbar nach ihrem Einzug in die Wohngruppe gekündigt.

Weil die Mutter fürchtete, dass Laura ihre gesamten Ersparnisse verlieren würde, versuchte sie bei der Bank eine Sperrung des Sparkontos zu erwirken. Dies war jedoch nicht möglich, da Laura volljährig war. In ihrer Verzweiflung entschied sich die Mutter zu einem – wie sich später zeigte: verhängnisvollen – Schritt: In der Hoffnung, den Rest des Geldes retten zu können, ließ sie die restlichen 4000 Euro von Lauras Konto auf ihr eigenes Konto umbuchen. Zwei Tage später erschien Laura wutentbrannt bei den Eltern und forderte ihr Geld zurück. »Wenn ihr mir das Geld nicht sofort zurück überweist, gehe ich vor Gericht. Ich lasse mich von euch nicht bestehlen! Wir brauchen das Geld in unserer Gemeinschaft.« Die Vollmacht der Mutter über das Konto hatte sie bereits annullieren lassen.

Die Eltern versuchten Laura klarzumachen, dass sie die Tochter nicht bestehlen würden, sondern vermeiden wollten, dass Laura ihre gesamten Ersparnisse verliere. »Du brauchst dieses Geld sicher noch einmal und wirst dankbar sein, dass wir deine Ersparnisse für dich gerettet haben«, war das Argument der Mutter. Diese Erklärung löste bei Laura einen neuen Wutanfall aus. Mit drohend erhobenen Fäusten näherte sie sich der Mutter und schrie sie an: »Gib mir sofort mein Geld zurück, das du mir gestohlen hast! Sonst wirst du mich noch kennenlernen!« Die Mutter wich entsetzt zurück und versuchte, die Tochter zu beruhigen: »Es ist in Ordnung, Laura. Ich überweise dir morgen 2000 Euro auf dein Konto.« – »Ich habe gesagt: Ich will mein gesamtes Geld, und zwar sofort! Mach das jetzt, wo ich neben dir stehe, per Online-Banking.« Da die Mutter keine Chance sah, Laura von ihrem Plan abzubringen, nahm sie schweren Herzens die Überweisung der 4000 Euro per Online-Banking vor. Während sie das machte, versuchte sie von Laura zu erfahren, wofür sie in den vergangenen Monaten so viel Geld gebraucht habe. Die Tochter verweigerte jedoch jegliche Antwort und verließ grußlos das Haus der Eltern, als die Mutter die Überweisung erledigt hatte.

Während des nächsten halben Jahres erhielten die Eltern nicht das geringste Lebenszeichen von Laura. Da sie die Adresse der Gemeinschaft nicht kannten und die Tochter auch kein Handy mehr besaß, war es ihnen unmöglich, mit ihr Kontakt aufzunehmen. In ihrer Not wendeten sich die Eltern an eine Beratungsstelle für Sektenfragen. Sie berichteten der Beraterin von Lauras Werdegang und erwähnten den Leiter der Gruppe, Markus, von dem sie allerdings aus den Erzählungen ihrer Tochter nur den Vornamen kannten. Als sie genauer schilderten, dass es sich um eine Gruppe von Jugendlichen handle, die mit diesem Leiter auf einem in der Nähe gelegenen Bauernhof lebten, war der Beraterin schnell klar, um welche freikirchliche Gruppe es sich handelte.

Die Beraterin erklärte den Eltern, warum religiöse Gruppen wie diese eine so große Faszination speziell auf Jugendliche ausüben: Gegenüber der Unübersichtlichkeit der modernen Gesellschaft und den vielfältigen, einander oft widersprechenden Wertvorstellungen böten Gruppierungen wie die, der Laura sich angeschlossen habe, ein übersichtliches Weltbild mit klaren Zuschreibungen, was »richtig« und was »falsch« sei. Sie vermittelten den Mitgliedern ein Heimatgefühl und leisteten ihnen oft bei der Bewältigung von Reifungs- und Lebenskrisen Hilfestellung.

Die Beraterin bestätigte die Beobachtung der Eltern, dass Laura total in den Bann der Gruppendynamik dieser Gemeinschaft gezogen worden sei. Dies sei eine Erfahrung, die gerade auf Jugendliche eine sehr starke Wirkung ausübe. Es komme zu intensiven Gemeinschaftserlebnissen und mitunter sogar zu einer fast symbiotischen Verschmelzung des Individuums mit der Gruppe. Der Gruppenzusammenhalt werde von den Leitungspersonen, die oft einen guruartigen, stark überhöhten Status einnähmen, dadurch weiter verstärkt, dass zwischen den »auserwählten Insidern« und den »Outsidern« unterschieden werde, wobei die nicht zur Gruppe Gehörenden als »Verlorene«, »Nicht-Erleuchtete« empfunden und zum Teil heftig abgelehnt würden. Diese Ablehnung richte sich, wie bei Laura, oft auch gegen die Eltern, die als Feinde der Gemeinschaft empfunden würden. Den Mitgliedern solcher Gruppierungen werde von der Leitungsperson oft dringend empfohlen – mitunter werde dies auch ausdrücklich angeordnet –, die Kontakte zu allen früheren Bezugspersonen abzubrechen.

Als die Eltern den Streit um Lauras Ersparnisse erwähnten, seufzte die Beraterin. Dies sei eine typische Situation. Es gehe letztlich nämlich nicht nur um weltanschauliche Fragen, sondern oft auch um handfeste materielle Interessen der Leitenden solcher Gruppen. Den Mitgliedern werde vermittelt, sie müssten ein bedürfnisloses Leben in materieller Armut führen und sich des »schnöden Mammons« entledigen, um zu den »höheren Sphären« aufzusteigen. Sie würden aufgefordert, ihr Geld und ihre sonstigen Besitztümer der Gemeinschaft zu übergeben.

Auf diese Weise komme es zu einer doppelten Abhängigkeit: Zum einen gerieten die Mitglieder in eine immer größer werdende emotionale Abhängigkeit von der Leitung und zum anderen komme es auch zu einer schließlich totalen materiellen Abhängigkeit. Dadurch entstünden in einem solchen sich gegen die Umgebung stark abgrenzenden, in sich geschlossenen sozialen System autoritäre Strukturen mit enormen Machtdifferenzen: hier der charismatische Leiter als oberste Autorität mit alleiniger Kontrollbefugnis und Befehlsgewalt und dort die dem Guru unterworfenen Gruppenmitglieder mit der Verpflichtung zu bedingungsloser Loyalität.

Die Beraterin fügte hinzu, dass auch deshalb eine große Gefahr von solchen Gemeinschaften ausgehe, weil sie Jugendliche wie Laura in ihrer altersspezifischen Suche nach Idealfiguren, an denen sie sich orientieren könnten, missbrauchten, indem sie ihnen eine völlig illusionäre Welt vorgaukelten. Durch die enge Bindung an die Leitungsperson würde die Autonomieentwicklung der Mitglieder nicht gefördert, sondern oft geradezu verhindert.

Diese Mitteilungen der Mitarbeiterin der Stelle für Sektenfragen erschütterten Lauras Eltern zutiefst. Bis zu diesem Moment hatten sie sich noch damit getröstet, es sei nur »eine Phase« von Laura, sie werde schon bald von sich aus der Gemeinschaft den Rücken kehren. Nun erfuhren sie aber, welchen starken Sog solche Gruppierungen auf ihre Mitglieder ausüben und wie die Leitungspersonen solcher Gemeinschaften gezielt darauf hinarbeiten, die Mitglieder immer stärker in die Gruppe einzubinden.

»Was sollen wir denn nun machen?«, war die entsetzte Frage der Eltern. »Dann haben wir jeglichen Einfluss auf unsere Tochter verloren?« Viel Mut konnte die Beraterin den Eltern nicht machen. Juristisch hätten sie keine Möglichkeit, gegen die Gemeinschaft vorzugehen und Laura aus dieser Gruppe herauszuholen. Sie sei volljährig und habe sich freiwillig dieser Gruppierung angeschlossen. Mitunter spürten die Mitglieder solcher Gemeinschaften allerdings nach einiger Zeit, dass sie in der Gruppe ihre Autonomie nicht frei entwickeln könnten und einem großen Druck ausgesetzt seien. Dies sei oft der Moment, in dem diese Mitglieder wieder Kontakt mit ihren früheren Bezugspersonen suchten.

Wenn Laura sich wieder bei den Eltern melden sollte, müssten sie unbedingt vermeiden, ihr Vorwürfe zu machen und sich in negativer Weise über die Gemeinschaft zu äußern. Eine solche Reaktion würde kontraproduktiv sein und die Tochter unter Umständen wieder in die Arme der Gemeinschaft treiben. Die Eltern sollten Laura hingegen wieder aufnehmen und ihr empfehlen, eine Psychotherapeutin aufzusuchen, die Erfahrung mit Aussteigern aus solchen Gemeinschaften habe. Die Beraterin gab den Eltern eine Liste mit Therapeutinnen und Therapeuten, die von der Sektenberatungsstelle empfohlen wurden. Bei diesen Fachleuten könnten sich auch die Eltern beraten lassen, falls sie Unterstützung bei der Bewältigung dieser für sie schwierigen Situation benötigten.

Ich habe die Geschichte von Laura Meier recht ausführlich geschildert, um daran aufzuzeigen, wie schleichend und für die Umgebung oft kaum wahrnehmbar der Prozess verlaufen kann, wenn Jugendliche in eine Abhängigkeit von solchen »ideologisch-dogmatischen Glaubensgemeinschaften«[7] bzw. »religiösen Extremgruppen«[8] geraten. Im Grunde kann nahezu jede Person unter bestimmten Umständen von einer derartigen Abhängigkeit betroffen sein. Besonders gefährdet aber sind Menschen mit einer Neigung zu Beziehungsabhängigkeit und unter ihnen speziell Jugendliche. Sie haben in ihrem Leben einen Interaktionsstil entwickelt, in dessen Zentrum die Anlehnung an und die Ausrichtung auf andere Menschen steht.

Eine solche Konstellation ist die bei Laura Meier beschriebene Entwicklung von dem überangepassten, scheuen Kind zur Jugendlichen, die in der freikirchlichen Gemeinde das Gefühl bekommt, endlich eine »richtige Familie« gefunden zu haben. Hier fühlt sie sich ernst genommen, hier darf sie sich schutzsuchend an eine idealisierte, charismatische »Vater«-Figur, den Leiter Markus, anlehnen, hier ist sie endlich frei von den mit den Jahren immer drängender werdenden Forderungen, selbstständig sein und selbst Entscheidungen treffen zu müssen. Bei Lauras Eintritt in die Gemeinschaft treffen ihre Bedürfnisse (sich »starken« Autoritäten anzuvertrauen und nicht selbstständig sein zu müssen) und die von der Glaubensgemeinschaft geforderten Verhaltensweisen (Verpflichtung zu absolutem Gehorsam und Unterwerfung unter die Gruppennormen) aufeinander und passen zusammen wie »Topf und Deckel«.

Die Enquete-Kommission »Sogenannte Sekten und Psychogruppen« des Deutschen Bundestags hat diese Dynamik als »Kult-Bedürfnis-Passung« beschrieben.[9] Demnach geht es in Situationen wie in Laura Meiers Beispiel um die Frage, welche Antworten auf individuelle und soziale Lebensprobleme und Sinnfragen die betreffenden religiösen Gemeinschaften anbieten und inwieweit sie zu den Bedürfnissen der Einsteiger in diese Gruppen passen. Die Gemeinschaft, in die Laura eintritt, bietet ihr genau das, was sie sucht und was ihr mit dem Erwachsenwerden immer weniger zugestanden wird. Lauras Angst, selbst Entscheidungen treffen und ihr Leben selbstständig gestalten zu müssen, korrespondiert mit der Forderung des Leiters, ihm alle Verantwortung zu übergeben und ihm bedingungslos gehorsam zu sein. Hier ist die Kult-Bedürfnis-Passung geradezu perfekt. Daraus resultiert dann auch die große Faszination, die diese Gemeinschaft auf die Jugendliche ausübt.

Sicher hätten Lauras Eltern hellhörig werden können, als sie von der Tochter erfuhren, wie begeistert sie von dem charismatischen Leiter Markus und von der religiösen Gemeinschaft war, die ihr ein so starkes Heimatgefühl vermittelte. Es ist jedoch verständlich, dass die Eltern diese Entwicklung zunächst als positiv einschätzten, überwand Laura doch ihre Kontaktscheu und schloss sich erstmals in einer so begeisterten Art Gleichaltrigen an. Was die Eltern indes nicht bemerkten, war, dass dies keine Schritte zu einer größeren Selbstständigkeit und Eigeninitiative waren, sondern dass die Abhängigkeitsdynamik durch den Einstieg in diese Gruppe im Gegenteil noch verstärkt wurde.

Wie die Beraterin der Stelle für Sektenfragen Lauras Eltern erklärt, üben religiöse Gemeinschaften dieser Art eine enorme Faszination gerade auf jüngere Menschen aus, weil die Jugendlichen sich in unserer komplexen heterogenen Gesellschaft mit ihren vielfältigen, einander widerstreitenden Normen und Wertvorstellungen einer geradezu chaotischen Welt gegenübersehen, die ihnen keine verlässliche Orientierung bietet. Hinzu kommt, dass die Erwachsenen den Jugendlichen oft keine glaubwürdigen, ihnen Halt gebenden Modelle bieten. In diesem Vakuum entfalten die ideologisch-dogmatischen Glaubensgemeinschaften bzw. religiösen Extremgruppen ihre Anziehung. Sie liefern den Heranwachsenden verbindliche, »Dogmen«-artige Verhaltens- und Wertmaßstäbe und kreieren eine überschaubare Welt mit eindeutigen Richtlinien. Hier können Jugendliche wie Laura das solange vermisste und sehnsüchtig gesuchte Heimatgefühl finden und eine »richtige Familie« erleben.

Wie Utsch es formuliert, stillt »fundamentalistische Religiosität [...] die Sehnsucht nach Gewissheit und bietet klare Handlungsanweisungen angesichts unübersichtlicher Vielfalt«[10]. Dies stellt für viele Menschen eine verführerische Situation dar. Besonders groß ist aber die Faszination solcher religiöser Extremgruppen für Menschen, die Orientierung suchen und zu Beziehungsabhängigkeit neigen. In einer solchen Gemeinschaft können sie, wie Laura Meier es erlebt, die sie so belastende Verantwortung an eine charismatische Leitungsperson abgeben und sich in regressiver Weise in das symbiotische Gefühl einer großen Familie fallen lassen. Zudem erleben sie eine enorme Steigerung ihres Selbstwertgefühls, indem sie nun zu den »Auserwählten« und »Erleuchteten« gehören, die den »wahren Glauben« gefunden haben und sich damit von den »Ungläubigen« und »Verlorenen« abgrenzen.

Wie in Kapitel 1 (»Was ist Beziehungsabhängigkeit?«) dargestellt, leiden beziehungsabhängige Menschen oft unter großen Ängsten in Bezug auf ihr aktuelles Leben und ihre Zukunft. Sie fühlen sich den an sie gestellten Anforderungen nicht gewachsen und meinen, sich nicht angemessen durchsetzen zu können. Die religiöse Gemeinschaft mit ihren klar und eindeutig formulierten Ideologien verspricht den dependenten Menschen auch in dieser Hinsicht eine »Lösung« ihrer Probleme. In den Glaubenssätzen dieser Gruppierungen wird ihnen vermittelt, dass sie als »Auserwählte«, die ihr Leben Jesus Christus – oder dem göttlichen Wesen einer anderen Religion – geweiht haben, gegen alle Gefahren gefeit seien. Wenn sie nur »fest genug im Glauben« stehen, könne ihnen »Satan« nichts mehr anhaben, wie ihnen die charismatische Führungsperson garantiert.

Der Preis für diese – vermeintliche – Sicherheit ist indes die totale Unterwerfung unter die Normen der Gemeinschaft und die absolute Loyalität gegenüber der Leitungsperson. Dies wird gerade von beziehungsabhängigen Menschen wie Laura Meier keineswegs als unangenehm und beengend, sondern im Gegenteil als Erleichterung empfunden. Für die Autonomieentwicklung ist dies jedoch eine fatale Situation. So hat Laura sich durch den Eintritt in die Gemeinschaft nicht von der Abhängigkeit befreit, die gegenüber ihren Eltern und Peers bestand, sondern sie lediglich durch eine – noch größere – Abhängigkeit von der religiösen Gruppierung eingetauscht. Aus diesem Grund stellen ideologisch-dogmatische religiöse Gemeinschaften bzw. religiöse Extremgruppen gerade für beziehungsabhängige Menschen eine enorme Gefahr dar.

Charakteristisch für die Verhaltensregeln in solchen Gruppen ist, wie die Beraterin Lauras Eltern erklärt, die scharfe Trennung zwischen »Insidern« und »Outsidern« und die mit allen Mitteln durchgesetzte Abgrenzung von den Nicht-Mitgliedern. Aus diesem Grund bricht Laura mit ihren Eltern und teilt ihnen auch nicht mit, wo sie sich aufhält. Dass in der Gemeinschaft keine Handys erlaubt sind, hat den Zweck, unerwünschte Kontakte der Gruppenmitglieder mit Außenstehenden zu verhindern. So können die Eltern von sich aus auch keinen Kontakt zur Tochter aufnehmen und sind darauf angewiesen zu warten, ob Laura sich von sich aus bei ihnen meldet.

Außer diesen psychologischen engen Bindungen an die Gemeinschaft kommt es dort auch zu finanziellen Abhängigkeiten, indem viele dieser Gruppierungen kein Privateigentum dulden. Die Mitglieder verpflichten sich, ihr Geld in eine Gemeinschaftskasse einzuzahlen, zu der nur der Leiter Zugang hat. Dies ist der Grund dafür, dass Laura ihre Ersparnisse unbedingt von ihrem Konto abheben will, um sie der Gemeinschaft zur Verfügung zu stellen. Sie hat sich zu dieser Zeit die Ideologie dieser Gruppe schon so sehr zu eigen gemacht, dass es für sie eine Selbstverständlichkeit ist, ihr Geld dem Leiter zu übergeben. Damit erhöht sich natürlich nochmals ihre Abhängigkeit von der Gemeinschaft.

Wenn Sie Angehöriger oder Verwandte einer Person sind, die sich einer ideologisch-dogmatischen Glaubensgemeinschaft bzw. religiösen Extremgruppe angeschlossen hat, werden Sie sich die gleichen Fragen stellen wie Lauras Eltern: »Was soll ich nur machen? Habe ich denn jeglichen Einfluss auf diesen Menschen verloren?« Wie die Beraterin den Eltern erklärt, besteht im Allgemeinen keine Möglichkeit, ein Mitglied aus einer solchen Gruppierung herauszuholen. Wie Laura ist Ihr Angehöriger freiwillig der Gemeinschaft beigetreten, und Sie haben keine Möglichkeit, ihn gegen dessen Willen herauszuholen.

Die einzige Möglichkeit, die Sie haben, ist, den Kontakt zu Ihrem Angehörigen nicht total abreißen zu lassen. Sie können versuchen, herauszufinden, wo er sich aufhält und ihm beispielsweise zu seinem Geburtstag oder zu Weihnachten einen Gruß schicken. Dabei können Sie allerdings nicht sicher sein, ob er Ihre Karte oder Ihren Brief auch wirklich erhält. Denn oft gehen in diesen autoritär geführten Gruppen alle Schriftstücke, die mit der Außenwelt zu tun haben, zuvor durch die Hände der Leitungsperson. Sie entscheidet dann auch, ob Ihre Grüße an Ihren Angehörigen weitergeleitet werden dürfen.

Erwarten Sie aus diesem Grund nicht unbedingt eine Antwort Ihres Angehörigen. Sogar wenn er Ihren Brief bekommen hat, wird er vielleicht nicht darauf reagieren, weil dies als eine Verletzung der Loyalität zur Gruppe und zum Leiter interpretiert würde. Versuchen Sie, wenn eben möglich, den Kontakt zu ihm aufrechtzuerhalten. Und beherzigen Sie den Rat, den die Mitarbeiterin der Stelle für Sektenfragen Laura Meiers Eltern gibt: Wenn sich Ihr Angehöriger einmal melden sollte, überfallen Sie ihn nicht mit Vorwürfen und vermeiden Sie negative Aussagen über die Gemeinschaft, in der er lebt. Zeigen Sie ihm, dass Sie ihn als Sohn oder Tochter so lieben wie zuvor. Dann wird Ihr Angehöriger sich am ehesten Ihnen anvertrauen, wenn er einmal aus der Gemeinschaft aussteigen will. Auch dann nehmen Sie möglichst wenig Stellung zu der Gemeinschaft, in der er gelebt hat. Denn auch wenn er sie verlassen will oder sogar schon verlassen hat, wird er sich immer noch mit den Ideologien, die sein Leben dort bestimmt haben, zumindest ein Stück weit identifizieren. Es besteht deshalb die Gefahr, dass ein negativer Kommentar von Ihnen über die Gemeinschaft ihn verletzt und er sich verpflichtet fühlt, die Ideologie der religiösen Gruppe zu verteidigen. Mit negativen Bewertungen bringen Sie ihn in Loyalitätskonflikte und treiben ihn unter Umständen wieder zurück in die Arme der ideologisch-dogmatischen Gemeinschaft.

Hilfe hingegen können Sie dem ehemaligen Gruppenmitglied leisten, indem Sie die Person ermuntern, eine Psychotherapie bei einer Therapeutin oder einem Therapeuten aufzunehmen, die Erfahrungen mit Aussteigern aus religiösen Extremgruppen haben. Dabei ist es sinnvoll, wenn Sie sich vorher bei einer Beratungsstelle für Sektenfragen nach empfehlenswerten Therapeuten erkundigen. Vielleicht erhalten Sie dort auch Literatur, die Sie Ihrem Angehörigen geben können, damit er sich zu einer Behandlung entscheiden kann (zu Ausstiegsbehandlungen siehe z. B. die Arbeiten von Rohmann[11]). Geben Sie die Liste der Therapeutinnen und Therapeuten, die Sie in der Beratungsstelle erhalten, Ihrem Angehörigen. Eine Psychotherapie ist der beste Weg, wie er sich mit den Erfahrungen, die er während seines Aufenthaltes in der religiösen Gemeinschaft gemacht hat, in konstruktiver Weise auseinandersetzen kann. Nicht selten erreicht das, was er dort erlebt hat, den Grad von Traumatisierungen, die eines speziellen Know-hows der Behandelnden bedürfen.

Als beziehungsabhängige Person, die sich wie Laura Meier in einer ihre Abhängigkeit ausnutzenden Gemeinschaft befindet, werden Sie selbst zumeist nicht den Wunsch verspüren, die Gruppe zu verlassen. Fachleute gehen allerdings davon aus, dass etwa die Hälfte der Einsteiger die Gruppe wieder verlässt. Es ist aber ein schwieriger Schritt, der oft ohne Hilfe von außen nicht möglich ist. Aber vielleicht tauchen auch in Ihnen ab und zu Zweifel auf, ob dies der richtige Weg für Sie ist. Oder Sie spüren, dass Sie für das regressive Leben, das Sie hier führen, einen sehr hohen Preis, nämlich den Verzicht auf Selbstständigkeit, zahlen. Dies sind Momente, in denen Sie sich nicht verbieten sollten, kritisch weiterzudenken. Es ist gut, wenn Sie sich ehrlich damit auseinandersetzen, ob es nicht andere Lebensformen gibt, in denen auch ein starker religiöser Glauben gelebt wird, die Sie aber nicht in einer so radikalen Weise in Ihrer Autonomieentwicklung beschneiden.

Suchen Sie in solchen Situationen das Gespräch mit einer Person Ihres Vertrauens. Dabei ist wichtig, dass dieser Mensch einerseits Ihrer Suche nach einem religiösen Leben gegenüber offen ist und andererseits »mit beiden Beinen fest auf dem Boden der Realität« steht und diesen Aspekt vertreten kann. Im Gespräch mit einer solchen Person werden Sie sich in Ihrem Bedürfnis nach einer religiösen Dimension und nach echter Spiritualität in Ihrem Leben ernst genommen fühlen und zugleich wird es möglich sein, dass Sie miteinander prüfen, ob die Mitgliedschaft in einer solchen ideologisch-dogmatischen Gemeinschaft, der Sie sich angeschlossen haben, wirklich eine sinnvolle Art der Lebensgestaltung ist.

### Auf den Punkt gebracht

- Nahezu jeder Mensch, aber speziell Jugendliche, können in eine Abhängigkeit von religiösen Extremgruppen geraten. Dies ist nicht per se Zeichen einer psychischen Erkrankung.
- Solche Gruppen bieten ihren Mitgliedern gegenüber der komplexen, heterogenen Welt mit ihren einander zum Teil widersprechen-

den Wertvorstellungen ein übersichtliches Weltbild und eindeutige Wertmaßstäbe.

- Auf Jugendliche üben solche Gemeinschaften eine starke Faszination aus, weil sich die Mitglieder an idealisierten Autoritäten orientieren, mit denen sie sich identifizieren können.
- Es sind autoritäre Gruppenstrukturen mit großen Machtdifferenzen zwischen dem charismatischen Leiter mit alleiniger Kontrollbefugnis und Befehlsgewalt und den dem Guru unterworfenen Gruppenmitgliedern mit der Verpflichtung zu bedingungsloser Loyalität.
- Die charismatischen Gruppen bilden in sich geschlossene soziale Systeme, deren Mitglieder sich als »Auserwählte« von den »Outsidern« abgrenzen. Oft wird der Kontakt zu den früheren Bezugspersonen unterbunden.
- Es ist für die Mitglieder schwierig, sich wieder von derartigen Gruppen zu distanzieren, da sie emotional, sozial und mitunter auch finanziell von ihnen abhängig werden.
- Ein Ausstieg bedarf oft einer fachkundigen therapeutischen Begleitung.

### Was Sie als beziehungsabhängige Person tun können

- Als Jugendlicher oder Erwachsener, der sich einer charismatischen Gemeinschaft anschließt, sehen Sie im Allgemeinen nur die Ihnen positiv und faszinierend erscheinenden Aspekte dieser Gruppe. Dennoch ist es wichtig, dass Sie versuchen, Ihre Kritikfähigkeit nicht völlig aufzugeben. Je nachdem welche Art von Gemeinschaft es ist, geht es nicht um die Alternative »beitreten« oder »sich-total-distanzieren«. Sie können die Angebote der Gruppe unter Umständen teilweise nutzen, aber dennoch einen gewissen Abstand einhalten – auch wenn dies oft schwierig ist.
- Versuchen Sie, die Kontakte zu Ihrer Familie und Ihren Freunden außerhalb der Gemeinschaft aufrechtzuerhalten.
- Wenn Sie sich in der Gemeinschaft unwohl zu fühlen beginnen, sollten Sie das Gespräch mit einer Vertrauensperson außerhalb der Gruppe suchen.

- Um aus einer solchen Gemeinschaft, in deren Abhängigkeit Sie sich begeben haben, auszusteigen, benötigen Sie im Allgemeinen therapeutische Hilfe von einer Fachperson, die Erfahrung mit Aussteigern aus solchen Gruppen hat.

### Was Sie als Angehöriger oder Freundin tun können

- Wenn Sie beobachten, dass sich Ihre Angehörige oder Freundin einer Gemeinschaft anzuschließen beginnt, die Sie als gefährlich einschätzen, lassen Sie sich von ihr über die Glaubensinhalte und Regeln dieser Gruppe informieren. Halten Sie sich mit unüberlegten negativen Kommentaren zurück. Sonst wird sich Ihre Angehörige oder Freundin total verschließen und unter Umständen den Kontakt zu Ihnen abbrechen. Kritische Fragen sollten Sie nur behutsam an einigen markanten Punkten anbringen.
- Versuchen Sie unbedingt, den Kontakt zu Ihrer Angehörigen oder Freundin, die in eine solche Gemeinschaft eingetreten ist, aufrechtzuerhalten. Auf diese Weise bleibt ein Kontakt Ihrer Angehörigen zur Außenwelt bestehen. Dies kann bei einem späteren Ausstieg eine große Hilfe sein.
- Wenn Sie als Eltern oder Freunde keinen Einfluss mehr auf Ihre Angehörige oder Freundin haben (weil Sie ihren Aufenthaltsort nicht kennen oder Sie nicht mehr in Kontakt mit ihr treten können), suchen Sie eine Sektenberatungsstelle auf und lassen sich dort beraten.
- Wenn Ihre Angehörige oder Freundin sich wieder bei Ihnen meldet, belasten Sie sie nicht mit Vorwürfen und kritischen Kommentaren, sondern nehmen Sie sie auf und seien Sie ihr behilflich, eine therapeutische Fachperson zu finden, die Erfahrung mit Aussteigern aus charismatischen Gruppen hat.

## 8. »Ich fühle mich so wohl im Elternhaus« – »Unglaublich, wie er es sich im ›Hotel Mama‹ bequem macht!«

»Hotel Mama« ist zu einem geflügelten Wort geworden und bezeichnet die Situation von Adoleszenten, die oft bis ins Erwachsenenalter hinein in ihrem Elternhaus wohnen bleiben und sich von der Mutter verwöhnen lassen. Der Begriff geht auf die gleichnamige TV-Serie von Christos Yiannopoulos zurück.

Seit den 1980er Jahren hat sich das durchschnittliche Auszugsalter junger Erwachsener ständig erhöht, weshalb man nicht von einem individuellen Abhängigkeitsverhalten der Heranwachsenden sprechen kann. Wir haben es vielmehr mit einem in der westlichen Gesellschaft weitverbreiteten Phänomen zu tun. So wies das Deutsche Statistische Bundesamt 2020 darauf hin, dass 34% der 18- bis 25-jährigen jungen Männer noch bei den Eltern leben, während es bei den gleichaltrigen jungen Frauen lediglich 21% sind.[12] Ähnliche Zahlen finden wir in der Schweiz, wo der Auszug aus dem Elternhaus bei den männlichen Adoleszenten in den 1970er bis 1980er Jahren noch 20/21 Jahre betrug und aktuell auf 24/25 Jahre angestiegen ist. Auch in der Schweiz kann man beobachten, dass die jungen Frauen früher ausziehen als die gleichaltrigen Männer.

Bei Berichten in den Medien über diese weitverbreitete Situation haben Sie sich vielleicht auch schon gefragt, ob wir es hier mit einer besonderen Art von Abhängigkeitsverhalten zu tun haben. Mit dieser Frage mögen Sie aber auch konfrontiert worden sein, wenn Ihre erwachsenen »Kinder« noch in Ihrem Haus leben. Oder Sie sind als noch im Haus Ihrer Eltern lebende junge Frau oder junger Mann von Personen Ihres Umfeldes ironisch darauf hingewiesen worden, Sie würden es sich wohl im »Hotel Mama« bequem machen und sich nicht den Herausforderungen eines selbstständigen Lebens stellen. In den Medien wird in diesem Zusammenhang auch immer wieder das Bild von »Nesthockern« verwendet.

Jonas Leiser, 28 Jahre alt, hat nach dem Abitur eine dreijährige Ausbildung zum Kaufmann für Digitalisierungsmanagement absolviert und arbeitet seither in einem mittelständischen Unternehmen, in dem er für Support und Datenschutz zuständig ist. Nach Abschluss der Lehre hatten seine Eltern angenommen, Jonas werde sich eine eigene Wohnung suchen. Da sie genügend Platz haben – sie leben mit dem Sohn in einer 5-Zimmer-Wohnung –, drängten sie Jonas jedoch nicht zum Auszug.

Wenn der Vater von Zeit zu Zeit das Thema »Auszug« anspricht, lacht der Sohn und meint, die Eltern könnten es wohl gar nicht erwarten, ihn »loszuwerden«. Jonas' Mutter reagiert darauf stets mit dem beschwichtigenden Hinweis: »Natürlich wollen wir dich nicht loswerden! Du kannst gerne bei uns wohnen. Vater meint ja nur, ob du nicht lieber eine eigene Wohnung haben möchtest, wo du dein eigener Herr bist.« Stereotyp folgt auf diese Erklärung der Mutter Jonas' Entgegnung, er fühle sich sehr wohl bei den Eltern. Es gebe ja genügend Platz in der Wohnung, und er fühle sich durch die Eltern in keiner Weise eingeschränkt.

In solchen Gesprächen wies der Vater einige Male darauf hin, die Eltern müssten in diesem Fall mit dem Sohn regeln, wie sie es in finanzieller Hinsicht handhaben wollten – Jonas leistet bisher keinen Beitrag an Miete und Haushaltskosten. Außerdem müssten sie miteinander besprechen, dass der Sohn doch einige Pflichten im Haushalt übernehmen könnte. In jeder Wohngemeinschaft seien ja die finanzielle Beteiligung an der Miete und die Verteilung der Pflichten geregelt. Es könne nicht angehen, dass die Eltern finanziell für alles aufkämen und die gesamte Hausarbeit an der Mutter hängen bliebe.

Bei der Erwähnung dieser Themen schaut Jonas seine Eltern jeweils ungläubig an. »Ich lebe hier doch in meiner Familie und nicht zur Untermiete bei fremden Leuten!«, ist seine Antwort, in der ein empörter Unterton nicht zu überhören ist. »Ihr stellt mich ja so hin, als ob ich euch ausnutzte!« Den sich in solchen Situationen anbahnenden Konflikt zwischen Vater und Sohn versucht die Mutter jeweils zu entschärfen, indem sie die Angelegenheit herunterspielt und Jonas zusichert, sie sorge gerne für ihn und fühle sich von ihm in keiner Weise ausgenutzt. »Dann lassen wir es im Moment mal so, wie es ist«, schließt der Vater diese Diskussionen dann ab. »Aber wenn du noch lange hier im ›Hotel Mama‹ lebst, müssen wir das doch mal prinzipiell regeln.«

Vor einigen Monaten eröffnete Jonas den Eltern in einem Gespräch über seine berufliche Zukunft, er wolle noch ein berufsbegleitendes Studium der Wirtschaftsinformatik absolvieren. Dies würde ihm in seinem Betrieb große Karrierechancen eröffnen. Die Eltern waren auf der einen Seite froh, dass Jonas derartige Pläne hatte und sie konsequent verfolgte. Auf der anderen Seite fragten sie sich, ob das dann bedeute, dass der Sohn auch während der mehrjährigen Studienzeit noch weiterhin bei ihnen wohnen werde.

Als die Eltern diese Fragen miteinander diskutierten, stellte sich heraus, dass nicht nur der Vater fand, es sei langsam Zeit, dem Sohn mitzuteilen, er müsse sich nach einer eigenen Wohnung umschauen. Auch die Mutter fühlte sich zunehmend von Jonas ausgenutzt, da er sich nach wie vor an keiner häuslichen Arbeit beteiligte. Putzen, kochen, die Wäsche waschen und bügeln, alle diese Aufgaben lagen bei der Mutter, zum Teil unterstützt durch ihren Mann. Jonas jedoch beteiligte sich an nichts.

Zudem wurde es den Eltern unangenehm, immer wieder von Freundinnen und Freunden gefragt zu werden, wie lange Jonas denn noch im »Hotel Mama« zu leben gedenke. »Ist euch eigentlich klar, dass er euch maßlos ausnutzt und wie die Made im Speck bei euch lebt?«, wurde Jonas' Mutter vor einiger Zeit von einer Freundin gefragt. »Du musst dir darüber klar sein, dass ihr ihn wahnsinnig verwöhnt und er dadurch wahrscheinlich immer unselbstständiger wird. Ein 28-jähriger Mann, der wie ein Kind bei seinen Eltern lebt, gut verdient, aber keinen finanziellen Beitrag leistet und alle Arbeiten an seine Eltern, vor allem an seine Mutter, abschiebt – es ist doch nicht euer Ernst, das unendlich mitzumachen! Und wenn er nun noch ein Studium beginnt, sitzt er euch ja noch einmal für etliche Jahre auf der Pelle.«

Diese unverblümte Äußerung ihrer Freundin gab Jonas' Mutter zu denken. Sie erklärte sich deshalb bereit, zusammen mit ihrem Mann ein »ernstes Gespräch« mit dem Sohn zu führen. Wie schon bei anderen Gesprächen dieser Art reagierte Jonas zunächst belustigt und mit ironischen Kommentaren auf die elterlichen Argumente. Da nun aber beide Eltern einhellig die Meinung vertraten, er müsse ab jetzt einen finanziellen Beitrag an Miete und Haushaltskosten leisten und sich auch im Hinblick auf die im Haus anfallenden Arbeiten beteiligen, merkte der Sohn, dass es diesmal nicht so einfach war, das Gespräch schnell auf die übliche Art zu beenden. »Ich verstehe euch wirklich nicht«, war nach kurzem Nachdenken seine Antwort. »Wollt ihr mich um jeden Preis rausekeln und mir das Leben schwer machen? Gerade jetzt, wo ich ein berufsbegleitendes Studium plane, für das ich viel werde arbeiten müssen, könnt ihr mir doch nicht noch Haushaltsarbeiten aufbürden. Hundert oder zweihundert Euro kann ich euch ja geben, wenn ihr Angst habt, dass ihr sonst verhungert. Aber das ist auch das Äußerste, zu dem ich bereit bin!«

In diesem Gespräch blieben die Eltern jedoch konsequent bei ihrer Forderung, Jonas müsse sich – und zwar in angemessener Weise und nicht nur mit »hundert oder zweihundert Euro« – an Miete und Haushaltskosten beteiligen und einige Pflichten im Haushalt übernehmen. Zudem wiesen sie den Sohn darauf hin, dass er im Laufe des nächsten Jahres seinen Auszug aus dem Elternhaus planen solle. »Wir wollen dich nicht hinauswerfen«, versuchte die Mutter Jonas zu beschwichtigen, als er sie wütend anschaute. »Aber es tut uns allen nicht gut, dass du in deinem Alter noch bei uns lebst. Ist dir das denn gar nicht peinlich, wenn du mit deinen Kollegen sprichst, die doch sicher alle schon eine eigene Wohnung haben?«

»Es interessiert mich überhaupt nicht, wie und wo andere leben«, war Jonas' Antwort. »Es ist heute gar nicht so selten, dass jemand mit 20 oder 30 Jahren noch bei den Eltern lebt. Ich habe kürzlich in einer Gratiszeitung den Bericht über einen Mann gelesen, der sagt, er sei stolz darauf, mit 31 Jahren noch bei seiner Mutter zu wohnen«, fügte Jonas triumphierend hinzu. »Und als einer meiner Bekannten blöde Sprüche darüber gemacht hat, dass ich noch bei euch wohne, habe ich ihm geantwortet, ich hätte eben ein sehr gutes, kameradschaftliches Verhältnis zu meinen Eltern, sie wären für mich wie Freunde – was aber offenbar doch nicht stimmt, wenn ihr mich jetzt aus dem Haus werfen wollt.«

Auch die Frage der Eltern, ob es den Sohn denn gar nicht störe, dass er in der gemeinsamen Wohnung mit den Eltern im Grunde doch nicht völlig frei sei, zum Beispiel wenn er eine Frau kennenlerne und sie mit in die Wohnung bringen wolle, stieß bei Jonas auf völliges Unverständnis. Seine Reaktion darauf war: Selbstverständlich würde er sich frei fühlen, eine Frau mit in »seine« Wohnung zu bringen. Das sei doch seine persönliche Sache und habe nichts mit den Eltern zu tun. Im Augenblick sei eine Beziehung nicht das aktuelle Thema. Heirat und Familiengründung seien »später dran«. Dies sei ein »konstruiertes« Argument der Eltern, das sie benutzen würden, um ihn »rauszuekeln«.

Alle Hinweise der Eltern, es gehe nicht darum, den Sohn aus der gemeinsamen Wohnung zu werfen, und es sei auch kein Zeichen einer schlechten Beziehung zwischen ihnen, wenn sie ihn bäten, sich im Alter von 28 Jahren nach Abschluss seiner Berufsausbildung nun eine eigene Wohnung zu suchen, prallten an Jonas ab. Er blieb dabei, er sei sehr enttäuscht von seinen Eltern und empfinde es als »Gemeinheit«, dass sie ihm gerade in dem Moment, in dem er an einen weiteren Schritt in seiner beruflichen Ausbildung denke, »im Stich« ließen. Wenn sie es unbedingt wollten, werde er sich natürlich eine eigene Wohnung suchen. Aber er werde es ihnen nie verzeihen, dass sie ihn »rausgeworfen« hätten.

Die Art, wie Jonas Leiser mit seinen Eltern zusammenwohnt und wie er argumentiert, ist typisch für Adoleszente, die in einer »Hotel Mama«-Beziehung mit ihren Eltern leben. Für sie ist diese Lebensform selbstverständlich, und sie berufen sich, wie Jonas Leiser, darauf, ein besonders gutes Verhältnis zu ihren Eltern zu haben und sie wie Freunde zu betrachten. Deshalb gebe es keinen Grund für sie, in eine eigene Wohnung zu ziehen.

Argumente dieser Art wurden laut der Shell-Studie 2010 auch von 90% der Jugendlichen verwendet, die als Grund für ihr Zusammenleben mit den Eltern die gute Beziehung und das Fehlen von Spannungen zwischen den Generationen anführten. Ein weiterer Grund für die »Hotel-Mama«-Konstellation ist laut der Shell-Studie die Tatsache, dass gerade in den Universitätsstädten die Mieten sehr hoch sind und deshalb relativ hohe Kosten entstehen würden, wenn die Studierenden eigene Wohnungen mieten wollten.

Dies sind allerdings Argumente, die auf Jonas Leiser nicht zutreffen. Er hat seine Erstausbildung schon vor Jahren beendet und steht voll im Berufsleben. Dabei ist zu berücksichtigen, dass er in seinem Beruf sehr gut verdient und sich deshalb ohne Weiteres eine eigene Wohnung leisten könnte. Allerdings wäre ein solches Leben nicht so bequem für ihn wie das Leben im Haushalt der Eltern, wo die Mutter alle Hausarbeiten erledigt und der Sohn nicht einmal einen finanziellen Beitrag leisten muss.

In der Shell-Studie ist in diesem Zusammenhang die Rede von einer »Juvenalisierung des Erwachsenenalters«. Das heißt, die jungen Erwachsenen verharren längere Zeit als früher in einer kindlichen Position. Die Tatsache, dass heutzutage die Spannungen zwischen den Generationen fast verschwunden sind, macht es den Jugendlichen schwerer, sich von den Eltern abzulösen.

Hinzu kommt, dass die Grenzen zwischen den Generationen heute stark aufgelöst sind. Das in unserer Gesellschaft herrschende Jugendlichkeitsideal führt dazu, dass Eltern sich sehr ähnlich wie die Heranwachsenden kleiden und verhalten und sich oft für die gleichen Dinge interessieren wie ihre Kinder. Dadurch verschwimmen die Grenzen zwischen Eltern und Kindern weitgehend und die Eltern werden zu »Kollegen« der Adoleszenten. Dies macht es den Heranwachsenden schwer, sich von der Elterngeneration abzusetzen. Eva Zeltner hat diese Situation kritisch-amüsant in ihrem Buch *Generationen-Mix* beschrieben.[13] Ein Artikel zur Situation der heutigen Heranwachsenden in ZeitOnline kommt lapidar zum Schluss: »Die Konflikte mit den Eltern sind zu gering, die wirtschaftlichen Verhältnisse zu schwierig, das ›Hotel Mama‹ zu bequem.«[14] Genau dies ist die Situation, in der sich der im Beispiel geschilderte Jonas Leiser und seine Eltern befinden.

Wenn Sie selbst als Mutter oder Vater in einer solchen »Hotel Mama«-Situation leben oder wenn Sie im Familien- oder Freundeskreis eine solche Konstellation erleben, werden Sie sich sicherlich gefragt haben, ob eine solche Lebensform für die jungen Erwachsenen letztlich nicht doch einengend ist. Die Eltern von Jonas Leiser sprechen diesen Punkt in ihrer Diskussion mit dem Sohn an, als sie ihn fragen, ob ihn denn nicht stören würde, in der elterlichen Wohnung zu leben, wenn er eine Freundin finden würde und sie zu sich einladen wollte. Die typische Antwort von Heranwachsenden in Jonas Leisers Situation ist genau die, die er gibt: Ihn störe das nicht, denn wenn er wolle, würde er durchaus eine Freundin in »seine« (!) Wohnung einladen. Das habe doch nichts mit den Eltern zu tun. Auch hier zeigt sich, dass die Generationengrenzen weitgehend verschwimmen. Die Eltern werden von den jungen Erwachsenen, die im »Hotel Mama« leben, ähnlich empfunden wie die Mitglieder einer Wohngemeinschaft. Auch hier würden sich ja die in der WG lebenden Mitbewohner durch die Anwesenheit der anderen Bewohnerinnen und Bewohner nicht gestört fühlen. Der Unterschied zum »Hotel Mama« liegt allerdings darin, dass es in der WG im Allgemeinen nicht um Familienangehörige, sondern um einander mehr oder weniger fremde Personen der gleichen Generation geht.

Jonas Leiser betont in der Diskussion mit den Eltern, dass für ihn Heirat und Familiengründung keine vordringlichen Themen seien. Dieses Hinausschieben der Familiengründung ist nicht nur für Heranwachsende, die in einer »Hotel Mama«-Konstellation leben, charakteristisch, sondern entspricht einem gesamtgesellschaftlichen Trend. Viele junge Erwachsene möchten sich zunächst intensiv im Beruf engagieren und verschieben die Familiengründung auf spätere Jahre. Es ist allerdings ein – wichtiger – Unterschied, ob die Adoleszenten nach Absolvierung ihrer Ausbildung selbstständig leben und die Familiengründung zugunsten der beruflichen Karriere zurückstellen oder ob sie bis in ihre 20er und 30er Jahre mit den Eltern zusammenleben und dann direkt von der Eltern/Kind-Beziehung in eine neue Beziehung zu einer Partnerin bzw. einem Partner wechseln.

Als Leserin und Leser dieses Kapitels haben Sie unter Umständen zwiespältige Gefühle: Auf der einen Seite werden Sie es vielleicht positiv empfinden, dass heute Eltern und Kinder so »einträchtig beieinander leben« und quasi eine Großfamilie bilden, wie sie in früheren Jahrhunderten allgemein bestanden hatte. Auf der anderen Seite werden in Ihnen aber vielleicht auch kritische Gedanken wach, wie sie die Freundin von Frau Leiser formuliert hat: ob die Eltern vom Sohn nicht ausgenutzt würden und ob sie ihn durch ihre verwöhnende Haltung am Ende nicht sogar in seiner Entwicklung behinderten.

Auch wenn der längere Verbleib der Kinder im Elternhaus – interessanterweise sind es vor allem die jungen Männer, nicht aber die jungen Frauen – gegenwärtig ein weitverbreitetes Phänomen ist, müssen wir uns doch fragen, ob dies eine gute Entwicklung ist. Werden die Mütter, wie die Freundin von Frau Leiser es formuliert, im »Hotel Mama« nicht in starkem Maße ausgenutzt? Diese Lebensform ist eben keine WG, in der gleichberechtigte Bewohnerinnen und Bewohner zusammenleben und jeweils ihren Beitrag an die Gemeinschaft leisten. Im »Hotel Mama« sind die Rechte und Pflichten hingegen völlig ungleich verteilt. Die Profitierenden sind eindeutig die Söhne, während die gesamte Arbeitslast für das Organisieren des Haushalts bei den Müttern liegt.

Wenn Sie Mutter eines solchen Sohnes sind, sollten Sie sich zugestehen, die Situation auch einmal kritisch anzuschauen. Es mag sein, dass Sie das Zusammensein mit Ihrem Sohn schätzen und er Anregungen in Ihr Leben bringt. Aber Sie sollten sich auch ehrlich selbst fragen, ob Sie sich und ihm mit dieser Lebensform einen Gefallen tun. Auf die Dauer wird das »Hotel Mama« für Sie vielleicht doch einen bitteren Beigeschmack bekommen, wenn Sie spüren, dass Sie enorm viel an Kraft, Zeit und Geld investieren und der Sohn alles in Anspruch nimmt, ohne irgendetwas zurückzugeben.

Wenn Sie verwitwet oder geschieden und somit allein sind, werden Sie vielleicht bei sich ein starkes eigenes Bedürfnis wahrnehmen, den Sohn bei sich zu behalten. In diesem Fall sind Sie nicht nur die Gebende, sondern erhalten auch etwas. Zumindest sind Sie nicht alleine. Dem Sohn ein »Hotel Mama« zu bieten, ist aber letztlich keine Lösung. Im Grunde verhindern Sie dadurch sogar Ihre persönliche Entwicklung. Ohne den Sohn wären Sie gefordert, sich einen Freundes- und Bekanntenkreis zu schaffen, vielleicht sogar eine neue Partnerschaft einzugehen. Das Zusammenleben mit dem Sohn ist im Grunde ein dürftiger Ersatz für die Kontakte zu anderen Menschen.

Wie bereits erwähnt, kann sich das Leben im »Hotel Mama« aber auch für den Sohn entwicklungshemmend auswirken. Er lebt zwar – zumindest äußerlich gesehen – in einer sehr komfortablen Situation, indem er von Ihnen total versorgt wird. Es fragt sich aber, ob es für seine persönliche Entwicklung nicht förderlicher wäre, wenn er auf eigenen Füßen stünde und sein Leben selbst organisieren würde. Besonders problematisch ist es, wenn die Söhne so lange im Elternhaus bleiben, bis sie eine Partnerschaft eingehen und damit von einer Gemeinschaftswohnform in eine andere treten, ohne je alleine gelebt zu haben.

Auch wenn Sie es als Mutter vielleicht bedauern würden, wenn Ihr Sohn auszöge, wäre es wohl doch gut für Sie beide, wenn Sie ihm – zumindest nachdem er seine Ausbildung abgeschlossen hat – nahelegen, sich eine eigene Wohnung zu suchen. Sie sind dann beide frei für den

Aufbau eines eigenständigen Lebens und für neue Kontakte. Mit dem Auszug des Sohnes bricht die Beziehung zwischen Ihnen ja nicht ab. Oft berichten Eltern wie Kinder, dass sich die Beziehung zueinander nach der räumlichen Trennung sogar wesentlich verbessert hat.

Die Überlegungen, die ich hier für die Eltern bzw. die Mutter formuliert habe, gelten ebenso für Sie als im »Hotel Mama« lebender Sohn. Wahrscheinlich wird es Ihnen in Anbetracht der Annehmlichkeiten, die diese Wohnform für Sie hat, schwerer fallen zu sehen, dass sie auch die oben genannten Nachteile für Sie mit sich bringt. Dennoch spüren Sie vielleicht, wenn Sie ehrlich sich selbst gegenüber sind, dass es auf die Dauer keine konstruktive Lösung ist, unnötig lange im Elternhaus wohnen zu bleiben.

Wie ich am Anfang dieses Kapitels erwähnt habe, ist das Zusammenleben mit den Eltern während der Ausbildungszeit oft aus finanziellen Erwägungen heraus sinnvoll, mitunter sogar die einzige Möglichkeit. Dies gilt insbesondere für den Fall, wenn Sie keine staatliche Unterstützung für Ihre Ausbildung erhalten. Denn die Mieten sind in den großen Städten tatsächlich zum Teil extrem hoch, so dass Sie sich als Azubi oder Student eine eigene Wohnung nicht leisten können. Allenfalls wäre eine WG erschwinglich. Diese Möglichkeit sollten Sie auch durchaus in Erwägung ziehen.

In diesem Fall würde man allerdings auch nicht vom Leben im »Hotel Mama« sprechen. Denn selbst wenn Sie als junger Mann mit den Eltern zusammenleben, müssen Sie sich ja nicht wie im Hotel bedienen lassen, sondern sollten sich an den im Haus anfallenden Arbeiten beteiligen und, je nach Möglichkeit, vielleicht sogar auch einen finanziellen Beitrag leisten. Zudem können Sie versuchen, in den Ferien eine bezahlte Arbeit zu finden, die Sie finanziell unabhängiger von den Eltern macht.

Bei allen Entscheidungen, die Sie und Ihre Eltern hinsichtlich des Zusammenlebens treffen, sollten Sie als junger Mann im Auge behalten, dass Sie sich durch die Wohnform nicht in Ihrer Selbstständigkeitsentwicklung behindern lassen. Sie können Ihr Zusammenleben so gestalten, dass Sie sich wie ein Erwachsener die Rechte und Pflichten mit den Eltern teilen und an Selbstständigkeit gewinnen. Umgekehrt können Sie es sich aber auch als »Nesthocker« im »Hotel Mama«

bequem machen und damit wichtige Reifungsschritte verpassen. Es liegt also wesentlich mit in Ihrer Hand, den Grad der Abhängigkeit von den Eltern zu steuern. Mit den Eltern zusammenzuleben, muss weder bedeuten, sich total von ihnen abhängig zu machen, noch in der Entwicklung zur Selbstständigkeit eingeschränkt zu werden. Es liegt an Ihnen beiden, Eltern wie jungem Erwachsenen, ob das Zusammenleben sich konstruktiv gestaltet oder negative Folgen für Sie beide hat.

Wenn aus irgendwelchen Gründen vonseiten Ihrer Eltern oder von Ihrer Seite her ein Zusammenleben noch bis ins Erwachsenenalter hin notwendig erscheint, sollten Sie sich zusammensetzen und das Pro und Contra offen miteinander diskutieren. Falls die Vorteile für beide Seiten überwiegen, ist es wichtig, dass Sie die Rechte und Pflichten in finanzieller Hinsicht ebenso wie in Bezug auf die Erledigung der Hausarbeiten miteinander aushandeln und zu einer möglichst ausgeglichenen Lösung kommen. Dann leben Sie nicht in einem »Hotel Mama« mit der daraus resultierenden Abhängigkeit und nutzen Ihre Mutter nicht aus, sondern leben als gleichberechtigte Erwachsene zusammen.

## Auf den Punkt gebracht

- Es ist heute ein, vor allem bei jungen Männern, weitverbreitetes Phänomen, relativ lange im Elternhaus wohnen zu bleiben.
- Die Ursache dieses längeren Verweilens im Elternhaus kann finanzieller Art sein (z. B. hohe Mieten an den Studienorten, niedriges Einkommen der Azubis). Dem »Hotel-Mama«-Phänomen kann aber auch eine geringe Abgrenzung zwischen Eltern und Kindern zugrunde liegen, bei der die Generationengrenzen verschwimmen und die Eltern von den jungen Erwachsenen wie »Kollegen« wahrgenommen werden.
- Das Zusammenleben kann die Form eines »Hotel Mama« annehmen, bei dem die jungen Erwachsenen sich weder finanziell noch im Hinblick auf die Hausarbeit beteiligen.
- Wenn es ein partnerschaftliches Zusammenleben von Eltern und erwachsenen Kindern ist, bei dem die Rechte und Pflichten gleich

verteilt sind, spricht – zumindest während einer gewissen Zeit – nichts gegen diese Wohnform. Problematisch wird es aber, wenn die jungen Menschen in einer regressiven Position verharren und die Eltern, vor allem die Mütter, ausgenutzt werden.

- Es ist wichtig, dass Eltern wie Kinder sich selbstkritisch Rechenschaft darüber ablegen, ob ihnen diese Wohnform guttut oder ob sie sich nachteilig auf ihre Entwicklung auswirkt.

### Was Sie als im »Hotel Mama« lebender junger Mensch tun können

- Prüfen Sie ehrlich und selbstkritisch, ob es tatsächlich notwendig ist, noch im Elternhaus zu leben.
- Wenn dies aus finanziellen oder anderen triftigen Gründen tatsächlich der Fall ist, beteiligen Sie sich, soweit möglich, finanziell und vor allem auch aktiv bei der Erledigung der Hausarbeiten und wälzen nicht alles auf die Mutter ab.
- Prüfen Sie sich selbstkritisch, ob das Zusammenleben mit den Eltern Ihrer Autonomieentwicklung förderlich ist oder ob es Sie in der Entwicklung Ihrer Selbstständigkeit behindert und Sie für die Bequemlichkeit, die Ihnen diese Wohnform bringt, nicht einen hohen Preis zahlen.
- Wenn Sie sich noch keine eigene Wohnung leisten können, prüfen Sie die Möglichkeit, nach einer anderen Wohnform, beispielsweise einer WG, Ausschau zu halten.
- Hören Sie auf die sich vermutlich in Ihnen immer wieder regenden Wünsche, selbstständig zu sein und Ihr Leben in die eigene Hand zu nehmen, und seien Sie bereit, für dieses Ziel auf die Bequemlichkeit zu verzichten, die Ihnen das »Hotel Mama« bietet.

### Was Sie als Mutter oder Vater eines im »Hotel Mama« lebenden erwachsenen Kindes tun können

- Behalten Sie auch bei Ihrem inzwischen erwachsenen Kind, wie stets bei seiner Entwicklung, das Ziel seiner Autonomieförderung im Auge. Prüfen Sie bei Ihrer Entscheidung über die Wohnform dieses Kriterium und machen Sie es im Gespräch mit Ihrem Kind zum Thema.

- Vielleicht gefällt es Ihnen und kommt Ihren eigenen Bedürfnissen entgegen, dass Ihr Sohn noch im Erwachsenenalter ohne zwingende Gründe bei Ihnen wohnt. Versuchen Sie jedoch, Ihre eigenen Wünsche zurückzustellen, und fragen Sie sich, ob eine »Hotel-Mama«-Konstellation Ihrem Kind und nicht zuletzt auch Ihnen wirklich guttut.
- Wenn sich das Zusammenleben als notwendig erweist, handeln Sie einen partnerschaftlichen Umgang mit gleichen Rechten und Pflichten miteinander aus.

# 9. »Ich kann ohne dich nicht leben!« – »Ich muss sie retten!«

Die beiden Aussagen im Titel dieses Kapitels weisen auf eine enge Verbindung zwischen den beiden Interaktionspartnern hin: Die eine Person äußert ihre Abhängigkeit von der anderen, ohne die sie sich ein Leben nicht vorstellen kann. Das Besondere dieser Konstellation ist, dass die zweite Person sich in gleicher Weise an die erste bindet, indem sie sie unter allen Umständen »retten« will. Wir sprechen bei derartigen Beziehungsformen von einer *Co-Abhängigkeit.* Diese Konstellation findet sich oft bei Angehörigen von Suchtkranken. Die Co-Abhängigkeit kann sich in den verschiedensten Formen zeigen, etwa in der unverhältnismäßigen Übernahme von Verantwortung, in Entschuldigungen des Suchtkranken im Freundeskreis und im beruflichen Bereich, aber auch in Kontrollen des kranken Partners und in Vorwürfen ihm gegenüber. Immer aber liegt dem Verhalten des Co-Abhängigen der Wunsch zugrunde, dem abhängigen Partner den Ausstieg aus der Sucht mit ihren vielen negativen Folgen zu ermöglichen, womit er aber letztlich sich selbst helfen möchte. Das den Co-Abhängigen Enttäuschende dabei ist, dass seine Aktionen letztlich nie zur Heilung des Kranken führen. Zurück bleibt in diesem Fall ein co-abhängiger Partner, der sich total verausgabt hat, enttäuscht darüber ist, dass alle seine Anstrengungen erfolglos sind, und der sich darüber hinaus sogar noch schuldig fühlt, weil er meint, nicht genug für den abhängigen Partner getan zu haben.

Ein ähnliches co-abhängiges Verhalten, wie wir es bei Suchtkranken und ihren Angehörigen finden, können wir auch bei den Partnerinnen und Partnern in Abhängigkeitsbeziehungen beobachten. Auch hier kommt es zu einer engen emotionalen Verschränkung zwischen den beiden Interaktionspartnern und von beiden her zu einem Verhalten, das zu keiner Lösung der Konflikte führt, sondern sich gegenseitig aufschaukelt und die Situation dadurch noch eskalieren lässt.

Da in diesem Kapitel der co-abhängige Partner im Vordergrund stehen soll, werde ich im Folgenden vor allem die Situation dieser Person beschreiben.

Esther Lauber war als Einzelkind in einem emotional kühlen Elternhaus aufgewachsen. Insbesondere die Mutter hatte großen Wert auf hervorragende Leistungen und gutes Benehmen gelegt. Sie war stolz darauf gewesen, dass die Tochter in der Schule immer zu den Besten gehörte und später in der Bank, in der sie arbeitete, eine hochgeschätzte Mitarbeiterin war. Einer Freundin berichtete Esther Lauber einmal unter Tränen, dass sie sich nicht daran erinnern könne, von der Mutter jemals auf den Schoß genommen und »geknuddelt« worden zu sein.

Als Esther Lauber im Alter von 32 Jahren ihren späteren Ehemann kennenlernte, zögerte sie zunächst, sich auf eine Beziehung einzulassen. Sie war völlig irritiert, wenn er ihr Komplimente machte, und stand unter dem Eindruck, er »spiele Theater«, wenn er ihr seine Liebe erklärte und um sie warb. All das war für sie völlig neu, und sie spürte instinktiv, dass sie die Beziehung zu ihm mit der enormen Erwartung eingehen würde, von ihm für all das entschädigt zu werden, was sie in der Kindheit von ihren Eltern nicht erhalten hatte.

Da Herr Lauber ein sehr fürsorglicher, warmherziger Mann war, der tiefe Liebe zu seiner Frau empfand, erfüllten sich Esther Laubers Wünsche nach Bestätigung und emotionaler Zuwendung weitgehend. Es war deshalb ein schwerer Schicksalsschlag für sie, als ihr Mann bereits 12 Jahre nach der Eheschließung Opfer eines tödlichen Verkehrsunfalls wurde. In der Folge lebte Frau Lauber viele Jahre alleine und hatte, obwohl sie unter ihrem Alleinsein litt, eigentlich die Hoffnung aufgegeben, jemals wieder einen Partner zu finden. »In meinem Alter finde ich niemanden mehr«, war eine Antwort, die sie ihren Freundinnen entgegenhielt, wenn diese ihr mit dem Hinweis Mut zu machen versuchten, wenn man offen dafür sei, könne man in jedem Alter noch einen Partner finden.

Vor einigen Monaten war in der Bank, in der Frau Lauber angestellt war, ein Mitarbeiter, Andreas Koller, aus einer anderen Filiale in ihre Abteilung versetzt worden. Herr Koller übernahm Aufgaben, die zuvor ein jetzt pensionierter Kollege erfüllt hatte, was eine enge Zusammenarbeit mit Frau Lauber notwendig machte. Da Frau Lauber und Herr Koller eng zusammenarbeiteten, ergab es sich, dass sie mittags öfter gemeinsam in einem Restaurant in der Nähe der Bank aßen. Zudem waren sie gleich alt und standen nur noch wenige Jahre vor ihrer Pensionierung, so dass es sich fast wie von selbst ergab, dass sie auch über ihre private Situation sprachen. Auf diese Weise lernten sie sich besser kennen und verbrachten nun auch ab und zu die Freizeit miteinander.

Erst jetzt wurde Esther Lauber bewusst, wie sehr sie in den Jahren seit dem Tod ihres Mannes die Beziehung zu einem Mann vermisst hatte. Sie genoss die gemeinsamen Unternehmungen mit Andreas Koller, seine Aufmerksamkeit ihr gegenüber und war überglücklich, als sich ihre Beziehung zueinander so intensiviert hatte, dass sie auch Sexualität miteinander lebten. »Ich bin wie im 7. Himmel!«, gestand sie einer Freundin. »Ich hätte nie gedacht, dass ich so etwas in meinem Alter noch erlebe. So gut ging es mir nicht einmal früher mit meinem Ehemann.«

In ihrer Begeisterung schlug Frau Lauber eines Abends Herrn Koller vor, sie könnten doch eine gemeinsame Wohnung mieten. Das sei preisgünstiger »und außerdem wären wir dann Tag und Nacht zusammen! Das wäre doch wunderbar! Nicht wahr, Andreas?« Herr Koller reagierte auf diesen Vorschlag verhalten und ausweichend. Dies sei zwar eine »interessante Idee«. »Aber wir können unsere Beziehung doch auch so weiterführen und unseren je eigenen Bereich behalten«, gab er zu bedenken. Frau Lauber traute ihren Ohren nicht, hatte sie doch vermutet, es sei auch Andreas Kollers inniger Wunsch, mit ihr zusammenzuleben. Sie brach in Tränen aus und gestand ihm, dass sie sich ein Leben ohne ihn nicht mehr vorstellen könne. Sie hoffe sogar, dass sie heiraten würden.

Diese Äußerungen beunruhigten Herrn Koller enorm. Er spürte, dass Frau Lauber sich mit einer Intensität an ihn klammerte, die ihm die Luft zum Atmen zu nehmen drohte. Zugleich wurde ihm schlagartig klar, dass er durch sein Verhalten offenbar Wünsche in Frau Lauber geweckt hatte, zu deren Erfüllung er sich jedoch nicht fähig und auch nicht bereit fühlte. Er war die Beziehung zu ihr in der Annahme eingegangen, es sei ein mehr oder weniger unverbindlicher Flirt und sie beide würden die Zeit zusammen genießen, ohne dass ihnen daraus aber Verpflichtungen erwüchsen. Um Frau Lauber nicht noch mehr zu verletzen, verwies Herr Koller darauf, dass sie einen solchen schwerwiegenden Entscheid sorgfältig abwägen müssten. Zudem würde dies ja auch bedeuten, dass sie ihre bisherigen Wohnungen kündigen und eine neue gemeinsame Wohnung suchen müssten, ganz abgesehen davon, dass er eigentlich nie daran gedacht habe, eine Ehe einzugehen. »Das alles braucht Zeit, Esther«, versuchte er sie zu trösten. »Wir wollen das nicht übers Knie brechen, sondern in Ruhe miteinander besprechen und dann entscheiden.« Schon während er dies sagte, war ihm klar, dass er sich in einer Abhängigkeitsbeziehung befand, die einen kaum erträglichen Druck auf ihn ausübte.

Frau Lauber stimmte zwar seinem Versuch, Zeit zu gewinnen, zu. Sie verfiel aber in eine tiefe Depression und äußerte in den folgenden Wochen mehrmals, ein Leben ohne Herrn Koller habe keinen Sinn mehr für sie. Ohne ihn könne sie nicht leben. Nach all den Jahren des Alleinseins nach dem Tod ihres Mannes habe sie sich ihm geöffnet und er habe sie »schändlich hintergangen«, habe ihr Gefühle »vorgespielt«, die er in Wahrheit nie gehabt habe, und wolle sie jetzt »wie eine lästige Klette abschütteln«. Diese Anschuldigungen und der Hinweis darauf, dass sie sich ein Leben ohne ihn nicht vorstellen könne, verfehlten die Wirkung auf Herrn Koller nicht. Obwohl ihm rational klar war, dass er sich nichts vorzuwerfen hatte, fühlte er sich schuldig und verpflichtet, ihr zu helfen, wieder aus der Depression herauszukommen und in ein eigenständiges Leben zurückzufinden. Er hoffte, ihm werde dies gelingen, indem er auf Frau Laubers Wünsche nach einem intensiven Zusammensein weitgehend eintrat und, wann immer möglich, die Freizeit mit ihr verbrachte. Dies führte tatsächlich zu einer gewissen Besserung von Frau Laubers Befinden, interpretierte sie seine vermehrte Zuwendung doch als Zeichen dafür, dass er es nun »ernst« mit ihr meine und dass die gemeinsame Zukunft mit ihm Realität werde.

Schon bald wurde Herrn Koller jedoch bewusst, dass er auf diese Weise zu keiner Lösung kommen würde. Sobald Frau Lauber spürte, dass er sich etwas von ihr zurückzog, reagierte sie mit verstärkten Depressionen und Suizidgedanken. Dabei war Herrn Koller klar, dass es keine leeren Drohungen und auch keine Versuche von Frau Lauber waren, ihn damit zu erpressen. Sie war vielmehr in einem solchen Ausmaß abhängig von seiner Zuwendung und seiner permanenten Präsenz, dass die geringste Distanzierung zwischen ihnen für sie einem Weltuntergang gleichkam. Herr Koller reagierte hilflos und voller Schuldgefühle auf diese Situation und lag nächtelang wach und zerbrach sich den Kopf darüber, wie er diese Beziehungsprobleme lösen könnte.

In einem ihrer Gespräche, in dem Frau Lauber ihn wieder beschwor, mit ihr zusammenzuziehen, brach Herr Koller zusammen. Er war völlig verzweifelt und fühlte sich wie gelähmt, unfähig, den Konflikt, in dem er sich mit Frau Lauber befand, in irgendeiner Weise zu lösen. Schlagartig wurde ihm klar, dass er die gleiche Situation mit seiner Mutter erlebt hatte. Sein Vater hatte seine Mutter verlassen, als er von ihrer Schwangerschaft erfuhr, und hatte sich später geweigert, Unterhaltsbeiträge für den Sohn zu zahlen. Dies war nicht nur eine große Enttäuschung für Herrn Kollers Mutter gewesen, sondern hatte sie auch schwer traumatisiert, weil sie von ihren eigenen Eltern nur wenig Zuwendung und Anerkennung erhalten hatte. Sie war deshalb die Beziehung zu Herrn Kollers Vater mit der großen Hoffnung eingegangen, nun endlich die so lange vermisste Zuwendung zu bekommen. Umso schlimmer war es für sie gewesen, von eben diesem Partner verlassen worden zu sein. In ihrer tiefen Enttäuschung hatte sich die Mutter dann an den Sohn geklammert und ihm vermittelt, er sei für ihr psychisches Wohlergehen verantwortlich. Seine ganze Kindheit und Jugend war von dieser Verpflichtung überschattet gewesen. Besonders schuldig hatte er sich gefühlt und sich schwerste Selbstvorwürfe gemacht, als seine Mutter nach seinem Auszug aus der gemeinsamen Wohnung im Übermaß Alkohol zu trinken begonnen hatte. Dass sie dann Jahre später aufgrund der Alkoholabhängigkeit an einer Leberzirrhose gestorben war, war ein Trauma, unter dem er immer noch litt.

Im Gespräch mit Frau Lauber wurde Herrn Koller bewusst, dass er sich jetzt in der gleichen Beziehungskonstellation befand wie damals mit seiner Mutter. Auch in der Beziehung mit Frau Lauber fühlte er sich verpflichtet, sie zu schützen und mit allen Mitteln zu vermeiden, dass es ihr schlecht gehe. Er empfand es als tiefe Schuld, dass er zugelassen hatte, dass sie sich in einer so starken Weise in ihn verliebt hatte. Hinzu kamen heftige Vorwürfe, die er sich machte, da er in seiner Verzweiflung und Ohnmacht mitunter plötzlich Hassgefühle Frau Lauber gegenüber empfand, weil sie ihn dermaßen unter Druck setzte.

Herr Koller und Frau Lauber führten diverse Gespräche miteinander und versuchten Wege zu finden, wie sie die Beziehungsprobleme lösen könnten. Sie kamen dabei jedoch keinen Schritt weiter. Im Gegenteil: Wenn Herr Koller versuchte, ihr ehrlich zu sagen, dass eine Ehe für ihn nicht infrage komme und er seine Selbstständigkeit in einer eigenen Wohnung auch nicht aufgeben wolle, geriet Frau Lauber außer sich, weinte hemmungslos und machte ihm heftigste Vorwürfe, dass er sie »von Anfang an betrogen und belogen« habe. Um sie zu beruhigen und aus Angst, sie könne sich etwas antun, lenkte Herr Koller dann jeweils ein und tröstete sie damit, sie müssten das alles »noch einmal in Ruhe überlegen«.

Als er in seiner Not einem ehemaligen Arbeitskollegen, der Frau Lauber auch kannte, von seinen Beziehungsproblemen erzählte, riet dieser ihm, sich professionelle Hilfe zu suchen. Der Kollege nannte ihm einen Psychotherapeuten, den er selbst vor etlichen Jahren in einer Ehekrise aufgesucht hatte. Herr Koller versuchte zwar noch eine Zeit lang, die Probleme alleine zu lösen, musste sich schließlich aber eingestehen, dass er dazu nicht in der Lage war.

Nachdem Herr Koller dem Psychotherapeuten seine Probleme in der Beziehung zwischen Frau Lauber und ihm geschildert hatte, schlug der Therapeut vor, das Paar solle am besten einmal zusammen in eine Sitzung kommen, damit auch Frau Lauber ihre Sicht darstellen könnte. Diese reagierte auf diesen Vorschlag indes mit großer Empörung. Sie denke nicht daran, sich zur »Kranken« machen zu lassen. Sie brauche keine Behandlung. »Ich brauche einen Mann, der zu mir steht, der es ernst meint und mit dem ich mein Leben teilen kann.«

In den Sitzungen mit Herrn Koller arbeitete der Psychotherapeut heraus, dass Herr Koller tatsächlich in der Beziehung zu Frau Lauber etwas wiederholte, was er in Kindheit und Jugend in der Beziehung zu seiner Mutter erlebt hatte. Dabei wurde es Herrn Koller auch bewusst, dass am Anfang seiner Beziehung zu Frau Lauber nicht eigentlich eine Verliebtheit gestanden hatte. Wenn er sich selbst gegenüber ehrlich war, musste er zugeben, dass er die Beziehung zu ihr mit dem Gefühl begonnen hatte, er müsse dieser verbitterten Frau, die er zutiefst bedauert hatte, »helfen«, aus ihrer Einsamkeit herauszukommen und sich wieder dem Leben zuzuwenden – die gleiche Aufgabe, mit der er sich in der Beziehung zu seiner Mutter konfrontiert gesehen hatte. Und auch in der heutigen Beziehung machte er die gleiche Erfahrung wie früher: Er war nicht in der Lage, der sich an ihn klammernden Frau zu helfen, und ihn beherrschte die gleiche Angst wie bei seiner Mutter, er werde schuld sein an ihrem Tod.

Das Fazit der therapeutischen Gespräche war, dass er seine Rolle als Co-Abhängiger aufgeben und seinem Drang, Frau Lauber – wie ehemals seiner Mutter – helfen zu wollen, widerstehen müsse. Dabei richtete sich die Therapie auf drei Problembereiche: Zum einen ging es darum, dass Herr Koller sich aus seiner eigenen Abhängigkeit von Frau Lauber befreien musste, zum anderen musste er sich über die Verletzungen, die er in der Beziehung zu Frau Lauber erlitten hatte, klar werden, und drittens musste er seine eigenen lebensgeschichtlichen Hintergründe für seine Co-Abhängigkeit verstehen und bearbeiten.

Dies war ein schwieriger Prozess, in dem Herr Koller schließlich einsehen musste, dass die einzige wirksame Hilfe für Frau Lauber war, ihr klarzumachen, dass die Lösung ihrer Probleme nicht von ihm kommen könne, sondern dass sie sich in einer Therapie mit sich selbst und ihrer Lebensgeschichte auseinandersetzen müsse. Dieser Vorschlag kam indes bei Frau Lauber absolut nicht gut an. Sie fühlte sich von Herrn Koller total missverstanden und zutiefst gekränkt und wiederholte ihre verzweifelt-drohende Äußerung: »Ich kann ohne dich nicht leben!«

In dieser Situation sah Herr Koller als einzige Möglichkeit die Trennung von Frau Lauber. Ihm war klar, dass es anderenfalls zu einem nie endenden Beziehungskampf mit immer wieder neuen Verletzungen kommen würde, einem Zustand, der für Frau Lauber ebenso wie für ihn verhängnisvolle Folgen hätte.

Das Beispiel der Abhängigkeitsbeziehung, die zwischen Frau Lauber und Herrn Koller entstanden ist, zeigt, dass alles »ganz harmlos« anfangen kann und zunächst in keiner Weise sichtbar ist, zu welchen gravierenden Konflikten es im Laufe der Zeit kommen wird. Insofern sind die Schuldgefühle, die Herr Koller empfindet, absolut unberechtigt. Er hat die Beziehung mit Frau Lauber als mehr oder weniger unverbindlichen Flirt begonnen, und beide haben es genossen, die Freizeit miteinander zu verbringen. Auch die Intensivierung der Beziehung durch Einbezug der Sexualität war noch in keiner Weise problematisch.

Weder Frau Lauber noch Herr Koller waren sich der Tatsache bewusst, dass sie aufgrund ihrer Lebensgeschichten ein Abhängigkeitspotenzial in sich trugen, das durch die Intensität ihrer Beziehung aktiviert werden könnte und einen unheilvollen Einfluss auf ihr Leben haben würde. Als Frau Lauber Herrn Koller gestand: »Ich kann ohne dich nicht leben«, und er in sich den dringenden Wunsch spürte: »Ich will, ich muss sie retten«, da war es im Grunde schon zu spät. In diesem Moment wurde sichtbar, dass sich die beiden in einer Beziehung befanden, in der eine abhängige und eine co-abhängige Person miteinander interagierten, ohne dass den beiden die Dynamik dieser Beziehungsform bewusst war.

Wie ich am Beginn dieses Kapitels ausgeführt habe, wird der Begriff »Co-Abhängigkeit« im Allgemeinen für die Bezugspersonen von Menschen mit Suchterkrankungen verwendet. Das Beispiel von Frau Lauber und Herrn Koller zeigt indes, dass es auch im Beziehungsbereich solche Co-Abhängigkeiten geben kann, zumal die Art, wie Frau Lauber sich an Herrn Koller klammert, große Ähnlichkeit mit einem süchtigen Verhalten aufweist. Ihre Verzweiflung, ihre Angst und Wut sowie die von ihr erwähnte Suizidalität gleichen durchaus den Entzugserscheinungen, die süchtige Menschen erleben, wenn ihnen der Zugang zum Suchtmittel verweigert wird.

Wenn Sie selbst sich als Mutter, Vater oder Freundin bzw. Freund in einer ähnlichen Situation wie Herr Koller befinden, ist es wichtig, dass Sie sich selbst gegenüber so ehrlich wie möglich Rechenschaft darüber ablegen, wie *Ihre wahren Gefühle* sind. Ist es Liebe, die Sie für die Person empfinden, mit der Sie sich eng verbunden fühlen? Oder ist es ein dringendes Bedürfnis, der anderen Person zu helfen, weil Sie sich aus einem Ihnen selbst im Moment möglicherweise nicht verständlichen Schuldgefühl dazu verpflichtet fühlen? Röhr bezeichnet den geradezu zwanghaften Impuls, unbedingt »helfen« zu wollen, als das »Suchtmittel« des Co-Abhängigen, dessen gesamtes Verhalten als Versuch zu verstehen sei, dem Suchtkranken zu helfen und schließlich die Verantwortung für ihn zu übernehmen. »Während der Süchtige gegen seine Probleme Alkohol bzw. andere Suchtmittel einsetzt, setzt der Co-Abhängige seine Hilfsbereitschaft ein«[15].

Ein weiteres Merkmal, das Ihnen zeigen kann, dass Sie sich möglicherweise in einer Co-Abhängigkeit befinden, ist die *andauernde Beschäftigung* mit der problematischen Beziehung. Diese intensive Beschäftigung geht über ein Maß hinaus, das Außenstehende als nachvollziehbar empfinden. Wenn die quälenden Gedanken an das Befinden Ihres Kindes, Ihrer Partnerin oder Ihres Partners und die

Angst um diese Person Sie in einem extremen Ausmaß beherrschen und Sie nachts unter Umständen stundenlang wach liegen und über die Beziehungsprobleme nachdenken, sollten Sie hellhörig werden. Dies könnte ein Hinweis auf Ihre Co-Abhängigkeit sein.

Natürlich gehört zu diesem Reflexionsprozess auch die selbstkritische Überlegung, ob Sie der anderen Person nicht vielleicht Hoffnungen gemacht haben, die Sie von vorneherein gar nicht einzulösen gewillt waren. Vielleicht wollten Sie einfach nur »Spaß« haben – so wie Herr Koller sich einen unverbindlichen Flirt mit Frau Lauber vorgestellt hatte – und werden plötzlich davon überrascht, dass die andere Person Ihre Zuwendung als Zeichen tieferer Gefühle interpretiert hat. Zu dem Reflexionsprozess, den Sie als Angehöriger oder Freundin in einer Situation, wie Herr Koller sie erlebt, beginnen sollten, gehört also auch, sich zu fragen, ob die *Erwartungen*, welche die andere Person an Sie richtet, nicht vielleicht *angemessen* sind. Mir ist klar, dass es sehr schwierig sein kann, in einer solchen Situation zu beurteilen, was angemessen ist und was nicht. Wir alle neigen dazu, etwas, das uns nicht gefällt oder uns Probleme macht, als »unangemessenes« Verhalten des Gegenübers zu interpretieren. Dennoch ist es gerade bei solchen Beziehungskonflikten eminent wichtig, sich Klarheit darüber zu verschaffen, welche Anteile am Konflikt die beiden Beteiligten jeweils haben.

Dies lässt sich am besten durch *offene Gespräche* miteinander klären. Im Beispiel hat Herr Koller dies versucht, wenn auch aufgrund seiner eigenen, aus seiner Biografie herrührenden, Abhängigkeitsthematik sehr vorsichtig. Wenn Frau Lauber darauf zwar enttäuscht, aber nicht übermäßig emotional reagiert hätte, wäre es vermutlich möglich gewesen, die Positionen der beiden zu klären. Sie hätten dann ihre Beziehung entweder aufgelöst, weil sie nicht dem entsprach, was sie beide erwarteten, oder sie hätten sie als »lockere« Beziehung ohne große Zukunftserwartungen weitergeführt. Die heftige Reaktion von Frau Lauber auf das abwartend-zögernde Verhalten von Herrn Koller zeigt indes, dass von ihrer Seite ebenfalls eine Abhängigkeitsthematik ins Spiel kam.

Ein solcher Reflexionsprozess ist ebenfalls notwendig, wenn Sie sich in einer ähnlichen Situation wie Frau Lauber erleben. Auch in diesem Fall ist es wichtig, sich zu fragen, welche Gefühle Sie für Ihre Partnerin oder Ihren Partner haben. Es ist wichtig zu klären, ob es um Liebe geht, bei der Sie der Partnerin oder dem Partner auf gleicher Augenhöhe begegnen und deren Integrität respektieren, oder ob die andere Person Ihnen wie ein Suchtmittel als Schutz vor Einsamkeit, Minderwertigkeitsgefühlen oder Angst dient und Ihre innere Leere füllen soll. Mir ist klar, dass auch diese Reflexion, wie die des Co-Abhängigen, nicht einfach ist, weil im Fall einer Abhängigkeitsbeziehung die Hintergründe im Allgemeinen im Dunkeln liegen und Ihnen nicht oder nur ansatzweise bewusst sind. Dennoch ist eine selbstkritische Reflexion unumgänglich.

Hinzu kommt aber auch hier die Notwendigkeit, mit der Partnerin oder dem Partner offene Gespräche zu führen. Dies kann Ihnen beiden helfen, mehr Einsicht in die Dynamik Ihrer Beziehung zu gewinnen. Möglicherweise führt ein solcher Klärungsprozess auch zu einer *psychotherapeutischen Paarberatung*, in der Sie Ihre Beziehungskonstellation weiter klären können. Oder Sie suchen, wenn Sie spüren, dass Sie alleine nicht weiterkommen und sich die Konflikte immer mehr verstärken, für sich selbst eine *fachliche Beratung*.

Für die co-abhängige Person geht es, wie im Beispiel geschildert, in solchen therapeutischen Gesprächen zunächst vor allem darum, sich darüber klar zu werden, dass das geradezu zwanghafte Bedürfnis, helfen zu wollen, der beziehungsabhängigen Person nichts nützt, sondern letztlich dem Wunsch entspringt, die eigene Angst und Unsicherheit zu bekämpfen. Es ist die Einsicht in die eigene Co-Abhängigkeit, die den ersten Schritt aus der Abhängigkeitsbeziehung darstellt. Dies führt dazu, dass Sie die abhängige Person *loslassen* können. »Loslassen« dürfen Sie in diesem Zusammenhang nicht als »fallenlassen« oder »rücksichtslos zurückstoßen« missverstehen. Mit Loslassen ist gemeint, sich aus der Abhängigkeitsdynamik zu befreien und die symbiotische Fessel, mit der die abhängige Person Sie an sich bindet, zu lösen. Der Unterschied zum »Fallenlassen« besteht darin, dass Sie die Distanzierung von der abhängigen Person nicht aus egoistischen Motiven vornehmen und die Partnerin bzw. den Partner dadurch nicht verletzen oder strafen möchten. Sie ziehen sich vielmehr zurück, weil Ihnen klar geworden ist, dass ein Festhalten an der Beziehung die gegenseitige Abhängigkeit verstärken würde und dadurch für Sie beide verhängnisvoll wäre. Erst durch die Distanzierung wird es Ihnen möglich, sich intensiver mit sich selbst, Ihrer eigenen Biografie und ihren Folgen auseinanderzusetzen.

Bei Herrn Koller besteht eine für co-abhängige Menschen typische Vorgeschichte: Er ist als Ersatz für den abwesenden, die Mutter enttäuschenden Vater aufgewachsen, und er war verantwortlich für das Wohlbefinden der Mutter. Schon als Kinder und Jugendliche spüren Menschen, denen eine solche Rolle zugewiesen wird, dass sie die in sie gesetzten Erwartungen letztlich nie befriedigen können. Wenn sich die Situation dann, wie durch die Alkoholabhängigkeit bei Herrn Kollers Mutter, dramatisch verschlechtert, können sich die Schuldgefühle der co-abhängigen Person ins Unermessliche steigern. Die Folge ist eine übergroße Bereitschaft, sich für andere Menschen verantwortlich zu fühlen und ihnen helfen zu wollen. Wenn eine solche Person auf eine Partnerin oder einen Partner mit symbiotischen Beziehungswünschen trifft, kommt es zu einer unheilvollen Kollusion, in der beide Personen Schaden nehmen.

In einer Entwicklung, wie Herr Koller sie durchlaufen hat, kommt es immer wieder auch zu *Traumatisierungen*. Bei ihm war es die Überforderung, der er ausgesetzt war, als er als Kind und Jugendlicher den Vater ersetzen sollte und sich darum kümmern musste, dass es der Mutter gut ging. Ihre sich im Laufe der Jahre entwickelnde Alkoholabhängigkeit und der dadurch bedingte frühe Tod infolge einer Leberzirrhose sind weitere schwere Traumata, welche die Persönlichkeitsentwicklung von Herrn Koller nachhaltig geprägt haben. In der therapeutischen Arbeit am Phänomen der Co-Abhängigkeit ist es wichtig, die Traumata zu erkennen und sich mit ihnen auseinanderzusetzen.

In diesem Prozess geht es nicht darum, beispielsweise dem Elternteil, von dem die Traumatisierungen ausgegangen sind, Vorwürfe zu machen und ihm die »Schuld« an der eigenen co-abhängigen Entwicklung zu geben. Dies würde die Situation des Co-Abhängigen in keiner Weise verbessern und auch dem betreffenden Elternteil nicht gerecht. Der Ausweg aus dem Gefängnis der Traumatisierungen ist nicht die Beschuldigung der Eltern, sondern in einem ersten Schritt die realistische Wahrnehmung, *dass* die Traumatisierungen von diesen Bezugspersonen herrühren. Dabei gilt es, die Hintergründe der Co-Abhängigkeit zu verstehen und die aus der Kindheit und Jugend herrührenden, aber damals nicht zugelassenen Gefühle der Wut und Enttäuschung im Erleben zuzulassen. Bei Herrn Koller war es die Situation seiner Mutter, die von seinem Vater im Stich gelassen worden war, ihre ganzen Hoffnungen auf den Sohn richtete und von ihm erwartete, dass er für ihr Wohlbefinden verantwortlich war. Dazu gehört auch die Anerkennung seiner Wut und seiner Enttäuschung über die so verlaufene Entwicklung. In einem zweiten Schritt ist es dann wichtig, sich darüber klar zu werden, dass die Traumatisierungen nicht aus Böswilligkeit erfolgt sind, sondern dass die betreffenden Bezugspersonen selbst unter diversen psychischen und sozialen Problemen gelitten haben. So hat sich Herrn Kollers Mutter ihr Schicksal als Allein-Erziehende nicht ausgesucht und konnte nichts daran ändern, dass sie selbst schon mit Defiziten im Hinblick auf elterliche Zuwendung und Akzeptanz aufgewachsen ist. Die Einsicht in diese Bedingungen kann dann zu einem *Versöhnungsprozess sich selbst und den Eltern gegenüber* führen.

### Auf den Punkt gebracht

- Es kann zwischen der beziehungsabhängigen Person und ihrem Partner bzw. ihrer Partnerin zu einer Co-Abhängigkeit kommen. Charakteristisch für die Co-Abhängigkeit ist der intensive Wunsch des co-abhängigen Partners, der abhängigen Person zu helfen, womit er aber im Grunde sich selbst zu helfen versucht. Oft wiederholt der Co-Abhängige in der Beziehung zum abhängigen Partner etwas aus seiner früheren Lebensgeschichte.
- Durch die enge emotionale Verstrickung der beiden Partner kann es zu massiven Konflikten zwischen ihnen kommen. Charakteristisch dabei ist, dass beide den Eindruck haben, ihnen geschehe Unrecht, sie seien das Opfer des jeweils anderen.
- Dabei kann es zu gegenseitigen Drohungen und, zum Beispiel durch die Suizidalität des einen oder des anderen Partners, zu großen emotionalen Belastungen kommen.

- Wenn es den Interaktionspartnern nicht gelingt, die Beziehungsprobleme miteinander zu lösen, sollten sie psychotherapeutische Hilfe suchen.

### Was können Sie als co-abhängige Person tun?

- Wenn Sie in der Beziehung zu Ihrem Kind oder Ihrer Partnerin, die sich an Sie klammert, den starken Impuls erleben, unbedingt »helfen« zu müssen, so prüfen Sie ehrlich und selbstkritisch Ihre Gefühle. Liegt Ihrem Helferwillen echte Liebe zugrunde oder fühlen Sie sich dazu aus einem – vielleicht nur vage spürbaren – Schuldgefühl verpflichtet?
- Achten Sie auf die folgenden Merkmale, die auf eine Co-Abhängigkeit hinweisen können:
  - die Beziehungsprobleme beschäftigen Sie in extrem,
  - Sie sind permanent von der Angst um Ihr Kind oder Ihre Partnerin erfüllt,
  - Sie sind dauernd damit beschäftigt, dem beziehungsabhängigen Interaktionspartner zu »helfen«,
  - Sie entdecken, dass Sie sich früher in Ihrem Leben, vor allem in der Kindheit, in einer ähnlichen Beziehungskonstellation wie jetzt befunden haben.
- Da es sich um ein Beziehungsproblem beider Partner handelt, ist eine Paartherapie zu empfehlen. In diesen therapeutischen Gesprächen können Sie Ihre jeweiligen Anteile am Konflikt klären und bearbeiten.

### Was können Sie als Angehöriger oder Freundin einer co-abhängigen Person tun?

- Wenn Sie bei Ihrem Angehörigen oder Freund beobachten, dass ihn ein Beziehungskonflikt in ungewöhnlichem Ausmaß beschäftigt, sprechen Sie ihn darauf an.
- Nennen Sie der Person die vier oben genannten Merkmale einer Co-Abhängigkeit und fordern Sie sie auf, zu prüfen, ob diese Merkmale auf sie zutreffen.

- Wenn Sie den Menschen, bei dem Sie eine Co-Abhängigkeit vermuten, und seine Lebensgeschichte gut kennen und feststellen, dass er in Kindheit und Jugend in einer ähnlichen Beziehungskonstellation gelebt hat, dann äußern Sie Ihre Vermutung, es könnte sich um eine Wiederholung einer alten traumatischen Situation handeln. Formulieren Sie diese Hypothese auf jeden Fall als Vermutung. Die betreffende Person muss selbst entscheiden, ob diese Hypothese zutrifft oder nicht.
- Bei schwerwiegenden Konflikten zwischen der beziehungsabhängigen und der co-abhängigen Person raten Sie den beiden, psychotherapeutische Hilfe zu suchen und ihre Beziehungsprobleme in einer Paartherapie zu klären und zu bearbeiten.

## 10. »Ich kann mich nicht vom Sexchat losreißen« – »Er ist sexsüchtig!«

Ein Leben ohne Internet ist für die meisten Menschen heute nicht mehr denkbar. So ist auch das Online-Dating inzwischen für viele Menschen eine alltägliche und gesellschaftlich weitgehend akzeptierte Form der Kontaktanbahnung.[16] Auch der Konsum von Pornografie im Internet ist weitverbreitet. Dies betrifft nicht nur Erwachsene, sondern auch Jugendliche und sogar Kinder, da auch die Heranwachsenden im Allgemeinen ohne Probleme Zugang zu den entsprechenden Seiten haben.

Da es an verlässlichen internationalen Studien fehlt, bestehen bezüglich der Häufigkeit der Internetabhängigkeit unterschiedliche Schätzungen. Petersen und Mitarbeiter[17] haben im Auftrag des Deutschen Bundesministeriums der Gesundheit die seit 1996 publizierte wissenschaftliche Literatur systematisch überprüft und schätzen international den pathologischen Internetkonsum auf 1,6% bis 8,2% in der Gesamtbevölkerung. Bühring[18] berichtet im Rahmen einer 2011 bundesweit durchgeführten repräsentativen Studie zur Internetabhängigkeit der 14- bis 64-Jährigen (PINTA I) von 560 000 Internetabhängigen und 2,5 Millionen Personen, die das Internet in problematischer Weise benutzen. Besonders betroffen ist die Altersgruppe der 14- bis 24-Jährigen mit 250 000 Abhängigen und 1,4 Millionen problematischen Nutzern.

Weber[19] berichtet davon, dass in der Gesamtbevölkerung rund ein Drittel der Mädchen und Jungen bereits im Alter von elf Jahren einschlägige Sexseiten gesehen hat. Bis zum 17. Lebensjahr sind es 93% der Jungen und 80% der Mädchen. Gemäß einigen großen epidemiologischen Studien von 2020 zeigen etwa 10% bis 12% der Jugendlichen ein gestörtes Medienverhalten.[20]

Im Unterschied zu den in den anderen Kapiteln dieses Ratgebers berichteten Situationen handelt es sich beim extremen Internetkonsum von Sexseiten nicht um eine Abhängigkeitsbeziehung zwischen zwei Personen, sondern um die Abhängigkeit von einem Medium bzw. von einer bestimmten Tätigkeit. Wir sprechen deshalb in diesem Fall, im Gegensatz zu den stoffgebundenen Abhängigkeiten, auch von »Verhaltenssüchten«. Ich habe mich dazu entschlossen, ein Beispiel dieser Art in diesen Ratgeber aufzunehmen, da der exzessive Konsum gerade von Sexseiten ein weitverbreitetes, aus Scham aber oft verheimlichtes Phänomen ist. Wenn Sie selbst zu der Gruppe dieser Konsumenten gehören, ist es für Sie ebenso ein Problem wie für Ihre Angehörigen und Freunde, die sich Sorgen um Sie machen.

Stefan Hartmann war, wie die meisten seiner Altersgenossen, mit Computer, Internet und den diversen anderen modernen technischen Errungenschaften aufgewachsen. Als Jugendlicher hatte er sich in seiner Freizeit gerne mit Internetspielen beschäftigt. Mehrmals gab es deshalb Konflikte mit den Eltern, weil er sich nach deren Einschätzung zu viel in der virtuellen Welt und zu wenig in der Realität bewegte. Da er in der Schule und in der Ausbildung zum Bankangestellten aber keine Probleme hatte, war es bei gelegentlichen Ermahnungen der Eltern geblieben.

Im Alter von 24 Jahren heiratete Stefan Hartmann eine gleichaltrige Frau, die er in der Berufsschule kennengelernt hatte. Schon nach wenigen Jahren kam es jedoch zunehmend zu Konflikten zwischen den beiden Partnern, und als seine Frau eine Beziehung mit einem ihrer Arbeitskollegen begann, war damit das Ende der Ehe gekommen. Stefan Hartmann hätte die Ehe gerne weitergeführt. Er war deshalb sehr enttäuscht von seiner Frau und reagierte auf die Scheidung mit Verzweiflung und Depressionen. Während kurzer Zeit verordnete ihm sein Hausarzt Antidepressiva, die Stefan Hartmann aber schon nach wenigen Monaten absetzen konnte, weil er sich wieder voll leistungsfähig und stimmungsmäßig ausgeglichen fühlte.

Gerne wäre er eine neue Beziehung eingegangen. Aber »es klappt irgendwie nicht«, gestand er einem Kollegen, als der ihn fragte, ob er sich nach der Trennung von seiner Frau denn nicht einsam fühle. »Ich hätte schon gerne eine Beziehung. Mit 45 Jahren ist es aber nicht so einfach, eine passende Frau zu finden. Die meisten in meinem Alter sind verheiratet. Ich bin offen für eine neue Beziehung. Aber ob ich jemals wieder eine Frau finde, bezweifle ich, ehrlich gesagt.«

Der Kollege versuchte zwar, Stefan Hartmann zu trösten, er werde sicher eine zu ihm passende Frau finden. Doch er spürte, dass Stefan Hartmann im Grunde resigniert hatte und so fest davon überzeugt war, keine Chance mehr auf eine neue Beziehung zu haben, dass er sich auch gar nicht richtig bemühte, Kontakt zu einer Frau zu finden. Als der Kollege erwähnte, Stefan könne es doch einmal über eine der Dating-Plattformen versuchen, schaute dieser ihn entgeistert an, schüttelte den Kopf und lehnte diese Idee fast empört als »abwegig« ab.

Dennoch tauchte in der Folge die Erinnerung an den Vorschlag des Kollegen immer wieder in Stefan Hartmann auf. Eines Abends, als er sich wieder sehr allein fühlte, entschloss er sich, sich auf einer Dating-Plattform anzumelden. Er war erstaunt, wie viele Dinge dort anzugeben waren: Außer Geschlecht und Alter musste er sein Äußeres beschreiben, seinen Charakter schildern, Angaben zu seinen Hobbys und anderen Freizeitbeschäftigungen machen und angeben, welchen Typ Frau er gerne habe.

Als sein Profil freigeschaltet war, ging er voller Erwartungen online. Anfangs fand er das Surfen auf der Plattform noch spannend. Bald aber realisierte er, dass sich dort offenbar viel mehr Männer als Frauen bewegten. Er schrieb an einige Frauen, die ihm interessant zu sein schienen. Aber nur wenige antworteten ihm. Mit keiner kam es zu einem realen Treffen. Nur eine Frau schrieb ihn an. Aber auch mit ihr wechselte er lediglich ein paar Nachrichten aus. Dann ließ sie nichts mehr von sich hören.

Aufgrund dieser enttäuschenden Erfahrungen beschloss Stefan Hartmann nach einigen Monaten, das Abonnement, das er für diese Dating-Plattform gekauft hatte, zu kündigen. Zufällig traf er eines Abends beim Surfen im Internet auf den Hinweis auf eine andere Plattform, die gratis angeboten wurde, und versprach: »Hier findest du deinen Traumpartner – real oder virtuell, wie du willst!« Obwohl er vermutete, dort auf ähnliche Verhältnisse wie auf der bisherigen Dating-Plattform zu stoßen, registrierte Stefan Hartmann sich auf der neuen Plattform. Zuerst fiel ihm auf, dass er hier viel weniger Angaben zu seiner Person machen musste als bei der früheren Dating-Plattform. Zudem interessierte man sich auf diesem Portal für deutlich intimere Dinge, so etwa Angaben zur Größe seines Penis – in den Abstufungen S, M oder L –, ob er es eher »aktiv« oder »passiv« wünsche, ob er »dom« oder »dev« sei, bis hin zur Aufforderung, er solle doch eine seiner »geheimsten Fantasien« mitteilen.

Einerseits fand Stefan Hartmann diese Fragen merkwürdig und es war ihm sogar beim Beantworten in der anonymen Welt dieses Chats peinlich, sich darüber zu äußern. Andererseits aber erlebte er, dass es sexuell erregend für ihn war, seinen Fantasien nachzuspüren und sie in Worte zu fassen. Er verbrachte deshalb etliche Stunden bei diesem ersten Aufenthalt auf der neuen Plattform und bemerkte plötzlich mit Schrecken, dass es schon zwei Uhr morgens war.

In den folgenden Tagen hielt sich Stefan Hartmann am Abend und an den Wochenenden jeweils viele Stunden im Chat auf. Hier kam er auch viel schneller als auf der früheren Plattform in Kontakt mit Frauen. Viele hatten gar kein Interesse an realen Treffen, sondern wollten mit ihm ihre »geheimen Fantasien« austauschen, von ihm hören, was er sich vorstelle, »Geiles« mit ihnen zu tun – und gar nicht wenige forderten ihn dann auf, sich per Webcam gegenseitig nackt zu zeigen, zu masturbieren und auf diese Weise virtuell »Spaß« miteinander zu haben.

Dies war eine völlig neue Welt für Stefan Hartmann. Anfangs hatte er nach solchen bis spät in die Nacht bzw. in den Morgen dauernden »Sessions« noch ein schales Gefühl. Sexuell war er zwar befriedigt, aber ihm fehlte der reale Kontakt zu einer Frau. Im Laufe der Zeit verflog indes dieses Bedauern, dass es keine reale Person war, die er berühren und mit der er sein Leben teilen konnte. Der Reiz des Cybersex war vielmehr, dass es immer wieder andere Frauen waren, immer wieder andere sexuell erregende Geschichten und Handlungen und vor allem, dass er sich sofortige Befriedigung verschaffen konnte, wenn ihm der Sinn danach stand.

Eine der Frauen, mit der er sich über ihrer beider sexuellen Fantasien ausgetauscht hatte, berichtete ihm von einem anderen Chatraum, in dem es »richtig zur Sache« gehe, »nicht so Blümchensex wie die meisten den hier haben«. Dieser Chatraum koste allerdings etwas. »Aber es lohnt sich, das Geld dafür auszugeben. Da findest du viel mehr heiße Miezen, die keine Tabus haben. Da geht die Post ab!«

Stefan Hartmann meldete sich noch am gleichen Abend bei dem anderen Chatraum an – und war buchstäblich erschlagen von dem, was sich ihm dort bot. Hier gab es tatsächlich keine Tabus. Frauen wie Männer boten sich einander an und zeigten sich in Videosessions ohne die geringsten Hemmungen. Bei etlichen war auch das Gesicht sichtbar, was Stefan Hartmann besonders wunderte, da er sich immer bemühte, für das Gegenüber unkenntlich zu sein. Die Mitglieder in diesem Chat boten sich auch sexuelle Bilder und Videos der verschiedensten Art an und informierten einander über Möglichkeiten, auch »etwas Spezielles für den ausgefallenen Geschmack« zu kaufen.

Unmerklich versank Stefan Hartmann immer tiefer in dieser virtuellen sexuellen Welt. Immer wieder meldete sich zwar sein schlechtes Gewissen, weil er Stunden um Stunden am PC verbrachte und morgens oft total übermüdet in den neuen Tag einstieg. Er nahm sich dann vor, zwischen den Sessions jeweils einen Tag auszulassen. Doch brachte er dies nur in den seltensten Fällen fertig. Selbst wenn er den Abend mit Kollegen verbrachte und erst gegen Mitternacht nach Hause kam, war der Drang, »wenigstens noch kurz« in den Chat zu gehen, so stark, dass er ihm nicht widerstehen konnte.

War er schon früher sozial wenig vernetzt gewesen, so zog sich Stefan Hartmann mit der Zeit mehr und mehr von sozialen Kontakten zurück. Anfangs vermuteten seine Kollegen, er habe eine Freundin und verbringe die ganze Zeit mit ihr. Stefan Hartmann ließ sie in diesem Glauben, da es ihm peinlich war zu sagen, womit er wirklich beschäftigt war. Zunehmend zogen sich seine Kollegen dann aber von ihm zurück, da er Einladungen von ihnen und gemeinsame Aktivitäten auf ein Minimum reduzierte. Seine Begründung war, er sei abends sehr müde und müsse früh schlafen gehen.

Auch Stefan Hartmanns Eltern beobachteten die Veränderung ihres Sohnes. Er war früher jede Woche mindestens einmal zu ihnen zum Abendessen gekommen. Nun aber vergingen oft Wochen, bis er wieder einmal zu ihnen kam. Und wenn er bei ihnen war, spürten sie seine Unruhe und sein Drängen auf einen frühen Aufbruch. Auch ihnen gegenüber benutzte Stefan Hartmann das Argument, er sei abends sehr müde und müsse nach Hause, um rechtzeitig schlafen zu gehen.

Doch eines Abends, als Stefan es kaum aushalten konnte, nach dem Essen noch einen Augenblick mit ihnen sitzen zu bleiben, sprach der Vater ihn direkt darauf an, dass er den Eindruck habe, etwas sei nicht in Ordnung in seinem Leben. Stefan versuchte sich zunächst noch mit »immer müde«, »sehr anstrengende Situation im Beruf« und anderen fadenscheinigen Argumenten herauszureden. Der Vater fragte jedoch beharrlich weiter, was los sei. Schließlich gestand Stefan, dass er sich »sehr viel« am Computer aufhalte. Auf die Bitte des Vaters, ihm genau zu sagen, wie viele

Stunden pro Tag er am Computer verbringe, reagierte der Sohn wieder ausweichend. Auch auf die Frage, was er denn stundenlang am Computer mache, blieb Stefan die Antwort schuldig. Er murmelte, er habe »Verschiedenes zu erledigen«, und das koste viel Zeit.

Je länger die beiden miteinander sprachen, desto überzeugter wurde der Vater, dass Stefan sich vermutlich auf Sexseiten bewegte. Er sprach diesen Verdacht dann auch direkt aus – und der Sohn stimmte ihm kopfnickend zu. »Sei ehrlich dir selbst gegenüber, Stefan: Was meinst du, bist du sexsüchtig?«, war schließlich die besorgte Frage des Vaters. Stefan Hartmann war schockiert über diese Äußerung. Dass er sexsüchtig sei, hatte er nie angenommen. Jetzt, wo dieses Thema aber ausgesprochen war, musste er sich selbst eingestehen, dass diese Vermutung des Vaters wahrscheinlich zutraf. Dennoch wehrte er sich im Gespräch mit ihm vehement gegen diesen Verdacht und wies darauf hin, er sei sicher zu oft in diesen Chats. Aber süchtig sei er auf keinen Fall. Er habe ohnehin vor, sich von diesen Chats abzumelden. Der Vater bezweifelte zwar, dass sein Sohn diesen Konsum ohne Weiteres abstellen könnte, wollte ihn aber durch seine Skepsis nicht verunsichern und ermutigte ihn, sich aus dieser virtuellen Welt zu verabschieden. Stefan versprach, noch an diesem Abend die Chats zu verlassen.

Zu Hause angekommen, setzte sich Stefan Hartmann sofort an den Computer, um die Zugänge zu den Sexportalen zu löschen. »Aber ein letztes Mal werde ich doch noch in den Chat schauen können«, dachte er. »Ich sollte mich ja auch höflichkeitshalber von den Frauen verabschieden, mit denen ich öfter gechattet habe.« Aus diesem Plan wurde jedoch nur eine heiße Sexsession bis in die frühen Morgenstunden. Das Löschen der Zugänge zu den Plattformen verschob Stefan auf den nächsten Tag. »Das muss nun nicht mehr gleich heute sein«, sagte er sich. »Morgen ist ja auch noch ein Tag.«

Auch in den nächsten Tagen gelang es Stefan Hartmann nicht, sich aus den Plattformen zurückzuziehen. Er fuhr in der gleichen Weise fort, dort täglich virtuelle Sexkontakte zu suchen. »Eigentlich sollen die Eltern doch froh sein, dass ich nicht real mit allen möglichen Frauen Sex habe«, war sein Argument sich selbst gegenüber, wenn er daran dachte, dass er dem Vater doch versprochen hatte, diese Kontakte nicht mehr weiterzuführen. »Außerdem gehe ich auf diese Weise auch keine gesundheitlichen Risiken ein. Denn bei wechselnden Sexpartnerinnen müsste ich ja immer in Sorge sein, eine der beim Sex übertragbaren Erkrankungen zu erwischen«, war ein weiteres seiner den Konsum legitimierenden Argumente.

Allerdings zeigten sich auf die Dauer doch auch gesundheitliche Probleme bei Stefan Hartmann. Häufig litt er nach dem stundenlangen Sitzen am Computer unter Rückenschmerzen. Zudem begann er, um sich zu entspannen und seine Selbstvorwürfe zu beschwichtigen, in diesen Nächten im Übermaß Alkohol zu trinken und zu rauchen. Bei einem der üblichen Gesundheitscheckups bei seinem Hausarzt wies dieser erstaunt und beunruhigt auf die Leberwerte seines Patienten hin und fragte, ob er denn viel Alkohol trinke. Stefan Hartmann musste dies zugeben, erklärte den Konsum aber damit, er habe bei gemeinsamen Abenden mit Freunden in letzter Zeit »etwas zu viel getrunken«, werde das aber in Zukunft wieder einschränken.

Die ungesunde Lebensweise mit den stundenlangen nächtlichen Aufenthalten im Internet führte des Weiteren zu Schlafstörungen, Übermüdung und Konzentrationsproblemen bei der Arbeit. Obwohl Stefan Hartmann versuchte, diese Leistungseinbußen zu überspielen, bemerkte sein Vorgesetzter doch den Leistungsabfall und sprach ihn beim Mitarbeitergespräch darauf an. Stefan Hartmann führte als Grund für die mangelhaften Leistungen »einige persönliche Probleme« an, die er aber »bald wieder im Griff habe«. Da der Vorgesetzte von der Scheidung wusste, dachte er, Stefan Hartmann sei noch intensiv damit beschäftigt, und riet ihm, Hilfe bei einem Psychotherapeuten zu suchen. »Denn so kann es nicht weitergehen!«, warnte er ihn. »Bei allem Verständnis für Ihre Situation muss ich Ihnen sagen, dass wir das auf die Dauer nicht tolerieren.«

Obschon diese Warnung ein Schock für Stefan Hartmann war, hatte sie keinen Einfluss auf seinen Internetkonsum. Im Gegenteil! Er verlängerte sogar den Aufenthalt in den Sexchats noch mehr, um sich von den ihn ängstigenden Gedanken über seine Zukunft abzulenken. Auch wenn er immer wieder neue Argumente fand, mit denen er die virtuellen Sexkontakte sich selbst gegenüber rechtfertigte und sich vehement damit gegen die Einsicht wehrte, »sexsüchtig«, wie der Vater es genannt hatte, zu sein, musste er sich schließlich eingestehen, dass er sich tief in eine Abhängigkeit von den virtuellen Sexkontakten verstrickt hatte und, wenn er ehrlich war, keinen Weg sah, wie er sich daraus befreien könnte.

In dieser verzweifelten Situation erinnerte er sich an den Vorschlag seines Vorgesetzten, psychotherapeutische Hilfe zu suchen. Ihm war klar, dass er dazu Fachleute brauchte, die auf die Behandlung von Menschen mit Internetabhängigkeit und Sexsucht spezialisiert waren. Nach längeren Recherchen fand er ein Zentrum für die Behandlung von Verhaltenssüchten in der Nähe seines Wohnortes. Es vergingen jedoch noch etliche Wochen, bis er seinen Plan, dort anzurufen und sich einen Beratungstermin geben zu lassen, in die Tat umsetzte. Immer wieder fand er Ausreden dafür, diese Anmeldung noch zu verschieben. Dabei spielte auch die Vorstellung eine Rolle, eigentlich sei er gar nicht abhängig vom Internet und brauche keine Therapie. »Das schaffe ich sehr gut auch alleine.« Es brauchte erst noch eine Abmahnung seines Vorgesetzten wegen »völlig unzureichenden Leistungen«, die Stefan Hartmann klar bewusst machte, dass er sich in einer prekären Situation befand, in der er der Realität seiner Abhängigkeit ins Auge schauen musste. Das gab für ihn schließlich den Ausschlag, einen Beratungstermin mit dem Zentrum für Verhaltenssüchte zu suchen und sich dort in Behandlung zu begeben.

Das Beispiel von Stefan Hartmann zeigt, wie jemand – für die betreffende Person selbst, aber auch für die Umgebung – unmerklich in eine Abhängigkeit von Sexchats geraten kann. Was zunächst vielleicht aus Neugier oder Langeweile beginnt und bei dem der Spaß oder der Wunsch, »mal etwas anderes« zu erleben, im Vordergrund steht, kann unversehens in ein Verhalten münden, das süchtigen Charakter annimmt. Glücklicherweise steigert sich die Situation nicht bei allen, die auf Sexseiten surfen und sich regelmäßig in derartigen Portalen aufhalten, bis zum Krankheitsbild der Sucht. Dennoch kann es auch bei weniger dramatischen Entwicklungen als der beschriebenen zu mehr oder weniger schweren Beeinträchtigungen im körperlichen, psychischen und sozialen Bereich kommen.

Wie zu Beginn dieses Kapitels ausgeführt, ist die Zahl derer, die unter einer Internetabhängigkeit leiden und das Internet in problematischer Weise nutzen, recht groß. Gemäß der Drogenaffinitätsstudie der Bundeszentrale für gesundheitliche Aufklärung[21] haben sich in der Gesamtbevölkerung die Prävalenzzahlen der Internetsucht bei den männlichen und weiblichen 12- bis 17-Jährigen bei einem Vergleich der Jahre 2011 und 2015 mit Werten von 5,3% (bei den Mädchen) und 6,2% (bei den Jungen) fast verdoppelt. Dabei ist zu berücksichtigen, dass die Dunkelziffer gerade in diesem Bereich sehr hoch ist.

Wenn Sie bei Ihrer Angehörigen oder Ihrem Freund vermuten, es könne um einen exzessiven Internetkonsum auf Sexseiten gehen, ist es wichtig, die folgenden *Alarmzeichen* zu beachten. Es sind Verhaltensweisen, die sich auch bei Stefan Hartmann gezeigt haben:

- Das Interesse an realen Beziehungen lässt nach. Es kommt zu einem sozialen Rückzug.
- Die Mediennutzung wird anderen Aktivitäten vorgezogen. Dadurch kommt es zu einer sozialen Einengung und zu einem Verlust von Interessen.
- Die Mediennutzung geht mit einem Leistungsabfall in der Ausbildung oder im Beruf einher.
- Der Tag-Nacht-Rhythmus verschiebt sich. Die Folge sind Übermüdung, Schlafstörungen, Substanzabusus, auch Depressionen.

Wenn Sie diese Alarmzeichen wahrnehmen, so tun Sie gut daran, Ihre Angehörige oder Ihren Freund darauf anzusprechen, so wie es der Vater von Stefan Hartmann gemacht hat. Es mag sein, dass Ihr Gesprächspartner die Möglichkeit einer Internetabhängigkeit weit von sich weist oder das Gespräch darüber verweigert. Lassen Sie sich trotzdem nicht davon abhalten, Ihrer *Sorge Ausdruck zu verleihen* und sich als Gesprächspartnerin oder -partner weiterhin anzubieten. Nennen Sie die Sache ruhig beim Namen, so wie es Stefan Hartmanns Vater tut, wenn er den Sohn fragt, ob er »sexsüchtig« ist.

Im Allgemeinen braucht es etliche Zeit, bis die betreffende Person sich selbst und anderen eingestehen kann, dass sie mit dem Internetkonsum »Probleme« hat. Besonders schwer fällt es Menschen, die vom Sexseitenkonsum abhängig sind, darüber zu sprechen. Hier kommt zur Schwierigkeit, sich als abhängig zu bezeichnen, die Scham über die sexuellen Inhalte hinzu. Lassen Sie Ihrem Angehörigen oder Ihrer Freundin deshalb Zeit, bis sie oder er sich fähig fühlt, sich Ihnen gegenüber zu öffnen.

Eine wichtige Empfehlung in dieser Situation ist der Rat, dass der Betreffende *fachliche Hilfe* sucht. Natürlich ist es für ihn von Nutzen, wenn Sie sich ihm hilfreich zur Seite stellen. Täuschen Sie sich jedoch nicht darüber, dass es für ihn leicht sei, sich aus der Abhängigkeit zu befreien. Mit dem Versuch, ihn zu »*heilen*«, sind Sie absolut überfordert. Es besteht in diesem Fall sogar die Gefahr, dass Sie beide Schaden nehmen, indem Sie eine Co-Abhängigkeit entwickeln (vgl. Kapitel 9).

Wenn Sie selbst in erheblichem Maße auf Sexportalen unterwegs sind und sich fragen, ob dies lediglich ein interessanter Zeitvertreib ist oder ob Sie Gefahr laufen, in eine Abhängigkeitsentwicklung zu geraten oder sich bereits darin befinden, achten Sie auf die folgenden Zeichen (sie sind orientiert an den Abhängigkeitskriterien für stoffgebundene Abhängigkeiten):

- ein unwiderstehliches Verlangen, sich auf den Sexportalen zu bewegen,
- eine verminderte Kontrollfähigkeit bezüglich Beginn, Dauer und Beendigung des Internetkonsums,
- eine Toleranzentwicklung, d.h. der Internetsexkonsum wird immer länger, häufiger und intensiver,
- Entzugserscheinungen psychischer und physischer Art, z.B. in Form von Gereiztheit, Unruhe, Depressivität, Schlafstörungen,
- fortschreitende Vernachlässigung anderer Lebensbereiche wie Hobbys, soziale Kontakte und verstärkter Konsum von Suchtmitteln (Alkohol, Nikotin etc.),
- Fortführung des intensiven Konsums trotz des Wissens um die längerfristig negativen Konsequenzen.

Wenn Sie diese Zeichen an sich beobachten, sollten Sie unbedingt Hilfe suchen.

Wenn es um intensive Aktivitäten in Sexchats und auf Pornoseiten geht, ist nicht nur daran zu denken, dass sich unter Umständen eine Abhängigkeit entwickeln könnte. Sie sollten sich auch die Frage stellen, welchen *Einfluss diese Aktivitäten auf Ihr Beziehungsverhalten* haben.

Bei der Schilderung von Stefan Hartmanns virtuellen Beziehungen habe ich auf eine Gefahr hingewiesen, die sein Konsumverhalten stark beeinflusst hat: Es ist die Möglichkeit der *sofortigen Befriedigung seiner sexuellen Bedürfnisse*. Im Unterschied zur realen Welt, in der die

Partner sich kennenlernen, sich einander langsam näherkommen und dann auch Sexualität miteinander leben, ist es ein Merkmal der virtuellen Kontakte in den Sexportalen, dass dort jederzeit eine Partnerin oder ein Partner verfügbar ist und die sexuellen Wünsche sofort erfüllt werden können. Wenn die eine Person nicht einverstanden ist, gibt es noch genügend andere, die bereit sind. Ähnlich ist es beim exzessiven Pornokonsum im Internet: Auch dieses Medium ist stets zur Hand, so dass Sie Ihre sexuellen Wünsche ohne Verzug befriedigen können. Zudem werden hier – wie auch durch die virtuellen Sexkontakte – Bilder eines sexuellen Umgangs von Menschen vermittelt, für die allein der sexuelle Vollzug im Zentrum steht. Dabei gilt es beispielsweise, ein superpotenter Mann oder eine geradezu sexsüchtige Frau zu sein. Die emotionale Komponente einer Liebesbeziehung fällt in den typischen Pornodarstellungen und in den virtuellen Kontakten weg. Die Bilder, die Sie im Internet von Sexualität bekommen, prägen auf die Dauer Ihre Vorstellungen davon, wie Sexualität sein *muss*, und führen dazu, dass Sie sich selbst und Ihre Partnerin, Ihren Partner dann unter Umständen an solchen verinnerlichten Bildern messen.

Es liegt auf der Hand, dass dies zu erheblichen inneren und sozialen Konflikten führen kann. Die Gefahr innerer Konflikte besteht darin, dass Sie beim Abgleich der aus einer realitätsfernen virtuellen Sexwelt stammenden und nun verinnerlichten Bilder mit den sexuellen Erlebnissen, die Sie irgendwann mit realen Partnerinnen oder Partnern machen, Ihr eigenes Verhalten als »minderwertig« erleben. Es kann ferner dazu kommen, dass Sie sich schämen, nicht das zu »können«, was die Protagonisten in den Pornodarstellungen tun. Die Folge kann eine verhängnisvolle Schwächung Ihres Selbstwerterlebens sein. So kann die Wahrnehmung der Diskrepanz zwischen der virtuellen und der realen Welt zu *Selbstwertkrisen* führen, indem Sie vermuten, die Partnerin oder der Partner verhalte sich anders als die Pornodarstellerinnen und -darsteller, weil Sie selbst sich »falsch« verhielten und in der Sexualität nicht das böten, was von Ihnen erwartet würde. Dies kann der Anlass zu weiterem Rückzug aus der sozialen Realität und zu einem nochmals intensiveren Eintauchen in die virtuelle Welt sein.

Zu sozialen Konflikten kann es kommen, wenn Sie mit einem exzessiven Pornokonsum und vielen virtuellen Sexkontakten bei Ihrer realen Partnerin oder Partner entdecken, dass sie bzw. er sich nicht so verhält wie die Personen im Internet. Die Reaktion kann sein, dass Sie sich von dieser Partnerin oder diesem Partner *zurückziehen*, weil sie nicht dem erwarteten Idealbild entspricht.

Wenn es darum geht, dass Sie für sich selbst bzw. Sie als Angehöriger oder Freundin für eine Ihnen nahestehende Person fachliche Hilfe suchen, ist es empfehlenswert, dass Sie sich *bei Zentren erkundigen*, die auf die Behandlung von *Menschen mit Internetabhängigkeiten und Sexsucht spezialisiert* sind. Es braucht ein spezielles Know-how für Therapien dieser Art, und es ist wichtig, dass die Behandlung von Anfang an in den Händen von entsprechenden Fachleuten liegt.

## Auf den Punkt gebracht

- Der Gebrauch des Internets ist heute für die meisten Menschen in der westlichen Welt selbstverständlich. Eine nicht geringe Zahl von Kindern, Jugendlichen und Erwachsenen entwickelt jedoch eine Internetabhängigkeit, wobei der Konsum von Sexseiten eine große Rolle spielt. Tendenz steigend.
- Der Internetkonsum kann süchtigen Charakter annehmen, insbesondere wenn es um eine exzessive Nutzung von Sexchats geht.
- Die Symptome der Internetsexabhängigkeit gleichen denen der stoffgebundenen Süchte: extreme Beschäftigung mit Internetaktivitäten; Unfähigkeit, dem Impuls zur Internetnutzung zu widerstehen; Toleranzentwicklung (Anwachsen der Konsumzeit); Entzugssymptome; sekundäre Folgen (Haltungsschäden, Übermüdung, Vernachlässigung von Verpflichtungen, Leistungsabfall im Beruf, begleitender Alkohol-, Nikotin- oder Cannabiskonsum).
- Eine negative Folge des exzessiven Sexchatkonsums ist der Einfluss dieser Erfahrungen auf die realen Kontakte zur Partnerin oder zum Partner: die Entkopplung von sexueller Befriedigung und emotionaler Beziehung; sofortige Befriedigung sexueller Bedürfnisse; Übernahme von sexuellen Verhaltensformen, wie sie in den Pornos gezeigt werden; Vergleich der eigenen Person und der realen Partnerin oder des Partners mit den Protagonisten im Chat und auf den Pornoseiten.

- Je nach Grad der Abhängigkeit ist es den betreffenden Personen möglich, den Konsum einzuschränken und »in Maßen« zu konsumieren. Bei starker Abhängigkeit ist jedoch eine völlige Abstinenz anzustreben.
- Wenn eine Reduzierung der Internet-Abhängigkeit nicht gelingt, sollte fachliche Hilfe bei Psychotherapeutinnen und Psychotherapeuten gesucht werden, die Erfahrung mit der Behandlung von Verhaltenssüchten haben.

### Was Sie als sexchatabhängige Person tun können

- Sie mögen anfangs denken, es sei ja nur ein gelegentliches Surfen auf Sexseiten. Beobachten Sie aber kritisch Ihren Internetkonsum und ziehen Sie rechtzeitig die »Notbremse«, wenn Sie bei sich die oben genannten Symptome eines süchtigen Sexchatkonsums beobachten.
- Nehmen Sie die Warnzeichen der Symptome ernst und versuchen Sie unbedingt, die Konsumzeiten einzuschränken.
- Seien Sie sich der Gefahr bewusst, dass Sie im Sexchat den schnellen, anonymen Sex finden können, dabei aber die zwischenmenschliche, emotionale Dimension verkümmern lassen.
- Suchen Sie fachliche Hilfe, wenn Sie merken, dass Sie Ihr Konsumverhalten alleine nicht mehr steuern können.

### Was Sie als Angehöriger oder Freundin einer sexchatabhängigen Person tun können

- Sprechen Sie Ihre Angehörige bzw. Ihren Freund darauf an, wenn Sie vermuten, dass sie oder er im Übermaß Sexchats konsumiert.
- Vermeiden Sie in solchen Gesprächen Vorwürfe und moralische Argumente, sondern weisen Sie in sachlicher Form auf die unheilvollen Folgen eines solchen exzessiven Konsums hin.
- Überlegen und planen Sie mit Ihrer Angehörigen oder Freundin, wie sie den Konsum eindämmen und die Kontrolle über ihre Konsumimpulse wiedergewinnen kann.
- Seien Sie sich darüber klar, dass Sie Ihrem Angehörigen oder

Freund als Gesprächspartner bzw. Gesprächspartnerin zur Seite stehen, ihn aber im Falle eines süchtigen Internetkonsums nicht »heilen« können. Sonst besteht die Gefahr einer Co-Abhängigkeit (vgl. Kapitel 9).

- Ermuntern Sie Ihre Angehörige oder Freundin, fachliche Hilfe zu suchen, wenn alle Versuche, den Konsum »in den Griff zu bekommen«, versagen. Machen Sie Ihrem Angehörigen oder Freund klar, dass es sich bei einem Konsum süchtigen Ausmaßes nicht um eine »schlechte Angewohnheit« oder ein »unmoralisches Verhalten«, sondern um eine Krankheit handelt, die behandelt werden muss.

## 11. »Ich kann mich nicht von ihm trennen!« – »Wie kann sie das nur weiter aushalten?«

Immer wieder erfahren wir aus Berichten in den Medien oder erleben im persönlichen Umfeld, dass Menschen – sehr häufig sind es Frauen – in Beziehungen destruktiver Art ausharren und es entgegen allen Ratschlägen von außen nicht fertigbringen, sich von der Person, die ihr so viel Leid zufügt, zu trennen. Die Person, die den Schritt der Trennung nicht zu vollziehen vermag, begründet ihr Verhalten im Allgemeinen lapidar mit dem Hinweis »Ich bringe es nicht fertig, mich von ihm zu trennen«, während Angehörige und Freunde fassungslos die Frage stellen: »Wie kann sie das nur weiter aushalten?«

Jessica Kühne war in einer Familie aufgewachsen, in der sie wenig Zuwendung und Aufmerksamkeit erfahren hatte. Die Eltern hatten jung geheiratet, weil die Mutter mit Jessica schwanger geworden war. Immer wieder hatte Jessica in ihrer Kindheit und Jugend von der Mutter hören müssen: »Wenn ich nicht schwanger mit dir gewesen wäre, hätte ich deinen Vater niemals geheiratet!« Diese klagend-anklagende Äußerung der Mutter hatte in Jessica ein tiefes Schuldgefühl hinterlassen, und sie fühlte sich permanent verpflichtet, dafür Sorge zu tragen, dass es der Mutter gut geht. Die Mutter ihrerseits war der Tochter gegenüber wenig herzlich.

Die elterliche Beziehung war von Anfang an durch diverse persönliche Probleme der Eltern und durch die schwierige soziale Situation der Familie sehr belastet. Nach Jessica waren noch drei Geschwister auf die Welt gekommen. Die Mutter fühlte sich durch die vier Kinder und durch ihre Arbeit am Abend als Putzhilfe in einer Reinigungsfirma total überfordert und erwartete von Jessica, dass sie sich bei der Betreuung der jüngeren Geschwister engagierte. Um der Mutter Arbeit abzunehmen, war die Tochter ohne Weiteres dazu bereit, auch wenn ihr dadurch praktisch keine Freizeit mehr blieb.

Jessicas Vater interessierte sich kaum für die Familie. Er ging nach der Arbeit oft mit seinen Kollegen in die Kneipe und geriet im Laufe der Zeit in einen erheblichen Alkoholkonsum, was zu vielfältigen Konflikten in der Familie führte. Zudem belastete die Alkoholabhängigkeit des Vaters die finanzielle Situation stark, so dass die Familie immer wieder Unterstützung durch Sozialhilfe benötigte.

Mit 17 Jahren lernte Jessica in einer Disco Alex kennen. Er stammte aus einer Familie, in der seine Mutter und er unter massiver Gewalt des Vaters gelitten hatten. Oft war der Vater spät abends betrunken nach Hause gekommen und hatte seinen Frust an seiner Frau und Alex ausgelassen. Alex' Kindheit und Jugend waren von Angst vor den Gewaltausbrüchen des Vaters überschattet gewesen. Immer wieder waren seine Gedanken voller Wut und Verzweiflung um die Frage gekreist, warum der Vater ihm und der Mutter so etwas antat. »Ich werde das nie machen, wenn ich einmal eine Frau und Kinder habe!«, hatte er sich in solchen Momenten geschworen. Da die Situation immer weiter eskaliert war, hatte Alex mit 17 Jahren den Kontakt zu den Eltern abgebrochen.

Da Alex zehn Jahre älter war als sie, fühlte Jessica sich dadurch sehr aufgewertet, dass er sich für sie interessierte. Er war der erste Mensch in ihrem Leben, der ihr Komplimente machte und sich für ihr Befinden interessierte. Dass er sie auch sexuell begehrte, empfand sie als weitere Aufwertung. Jessicas Eltern waren allerdings gegen diese Beziehung. Sie bezeichneten Alex als unzuverlässig und kritisierten, er sei ein »Nichtsnutz« und »Aufschneider«.

Wenige Monate vor ihrem 18. Geburtstag wurde Jessica schwanger. Die Mutter drängte sie zu einem Schwangerschaftsabbruch. »Sonst geht es dir am Ende so wie mir mit dir«, war ihr Kommentar. Obwohl sich auch Alex eher gegen ein Kind aussprach, wollte Jessica, dass sie heirateten und sie das Kind austrage. Sie hoffte, dass sie damit den Absprung aus ihrem Elternhaus finden würde und eine eigene Familie gründen könnte, in der sie anders mit ihrem Kind umgehe als die Mutter mit ihr und ihren Geschwistern. Die Eltern waren empört über diesen Entschluss und zogen sich weitgehend von Jessica zurück. »Wenn du das Kind partout austragen willst, musst du selbst sehen, wie du damit zurechtkommst«, war der Kommentar der Mutter.

Als sie schwanger wurde, hatte Jessica kurz vor Abschluss ihrer Lehre als Friseurin gestanden. Da Alex nicht bereit war, sich im Haushalt und bei der Betreuung des Kindes zu beteiligen, brach Jessica die Lehre schweren

Herzens ab. Da sie in einem zweijährigen Abstand zwei weitere Kinder gebar, war sie durch die Versorgung der Kinder und durch die Aufgaben im Haushalt total ausgelastet und konnte nur stundenweise als Putzhilfe etwas Geld dazu verdienen. Alex beteiligte sich nach wie vor weder an der Erziehung der Kinder noch an der Hausarbeit. Er gab viel Geld durch seinen zunehmenden Alkoholkonsum aus und hatte immer wieder außereheliche Affären. Jessica ertrug all dies stillschweigend. Da nur wenig Kontakt zu den Eltern bestand und Jessica sich schämte, ihnen offen von ihrer Situation zu berichten, gab es auch keine Person in ihrer Nähe, mit der sie über ihre Situation hätte sprechen können und bei der sie Rat und Trost gefunden hätte.

Je stärker der Alkoholkonsum von Alex wurde, desto häufiger kam es zu Gewalttätigkeiten. Alex blieb mitunter mehrere Tage und Nächte fort und verhielt sich, wenn er dann wieder auftauchte, rücksichtslos gegenüber seiner Frau und den Kindern. Oft reichte schon Jessicas Frage, ob er ihr Geld für den Haushalt geben könnte, dass Alex sie anschrie, sie solle selbst dafür sorgen, dass sie Geld habe. Das gehe ihn nichts an. Immer häufiger wurde er in solchen Situationen aber auch gewalttätig, schlug Jessica und auch die Kinder. Das Klima in der Familie war von Angst und Aggression geprägt.

In ihrer Not vertraute sich Jessica eines Tages einer ihrer Schwestern an, zu der sie einen lockeren Kontakt hatte. »Und du bist immer noch bei diesem Arschloch?«, war die empörte Frage der Schwester. »Du musst ihn anzeigen wegen häuslicher Gewalt und dich und deine Kinder so schnell wie möglich in Sicherheit bringen. Am Ende bringt er dich noch um!«

Diese Äußerung der Schwester half Jessica indes wenig. Sie war zwar froh gewesen, endlich mit jemandem über ihre häusliche Situation sprechen zu können. Doch eine Trennung von Alex war für sie völlig indiskutabel. »Du meinst es vielleicht schon gut«, war Jessicas Antwort, »aber du verstehst mich im Grunde überhaupt nicht. Ich kann Alex nicht verlassen!«

»Dann bist du genauso bekloppt wie er«, warf die Schwester ihr vor. »Das ist doch masochistisch! Er hat außereheliche Affären, du musst um jeden Cent betteln, er lässt dich total im Stich und außerdem schlägt er dich und die Kinder – und du machst das alles stillschweigend mit! Du spinnst ja! Jeder halbwegs normale Mensch würde alles tun, um sich und die Kinder zu retten!«

Jessica fühlte sich nach diesem Gespräch extrem elend. Sie war total verzweifelt und bereute, das Gespräch mit der Schwester gesucht zu haben. Nun wurde sie, die doch das Opfer der von Alex ausgehenden Gewalt war, auch noch beschimpft und musste sich dafür rechtfertigen, dass sie Alex nicht verlassen wollte.

Eine Wende zeichnete sich ab, als die Lehrerin von Jessicas ältester Tochter bemerkte, dass das Kind verängstigt wirkte und sich zunehmend vom Kontakt mit den anderen Kindern zurückzog. Die Lehrerin bat deshalb die Schulpsychologin, mit dem Kind zu sprechen. Schon nach wenigen Gesprächen war der Schulpsychologin klar, dass es in der Familie schwerwiegende Probleme und vermutlich auch Gewalt gab. Sie schaltete deshalb das Jugendamt ein.

In den daraufhin stattfindenden Gesprächen mit Jessica bagatellisierte diese jedoch die Situation und meinte, die Kinder hätten »maßlos übertrieben«. Ihr Mann und sie seien »temperamentvoll«. Da könne bei den Kindern leicht der Eindruck entstanden sein, es sei zu Gewalt gekommen. Da auch Alex vehement abstritt, in irgendeiner Weise gewalttätig zu sein, konnte das Jugendamt nichts unternehmen. Die zuständige Sozialarbeiterin redete Jessica jedoch ins Gewissen, sie solle unbedingt Hilfe für sich und die Kinder suchen und hinterließ ihr die Telefonnummer des Frauenhauses, in dem sie in einer Krisensituation Schutz für sich und die Kinder finden könne.

Es vergingen indes noch zwei Jahre, bis Jessica nach einer heftigen Auseinandersetzung mit Alex, der sie dabei schwer verletzt hatte, im Krankenhaus den Mut fand, einer Ärztin anzuvertrauen, dass sie seit vielen Jahren Opfer massiver häuslicher Gewalt war. Die Ärztin organisierte daraufhin für Jessica und die Kinder den Aufenthalt im Frauenhaus und stellte den Kontakt zu einer mit dem Thema häusliche Gewalt erfahrenen Psychotherapeutin her.

Dies ist leider eine Lebens- und Leidensgeschichte, die sich recht oft findet, wobei die Opfer meist weiblich sind. Wie die Überschrift dieses Kapitels zeigt, stehen sich, wenn man mit den Opfern und ihren Angehörigen oder Freunden spricht, zwei völlig konträre Haltungen gegenüber: auf der einen Seite die hilflose Äußerung der Opfer: »Ich kann mich nicht von ihm trennen«, und auf der anderen Seite bei den nicht direkt Beteiligten die fassungslose, oft auch vorwurfshafte Aussage: »Es kann doch nicht sein, dass du bei so einem Menschen bleibst! Du bist ja masochistisch!«

Tatsächlich wird es auch für Sie als Angehöriger oder Freundin möglicherweise schwer nachvollziehbar sein, dass eine Frau wie Jessica es während vieler Jahre nicht schafft, sich von ihrem Mann zu trennen. Auch Sie werden vielleicht Ihrer Freundin, die in einer solchen destruktiven Beziehung lebt und Ihnen ihr Leid geklagt hat, entgegengehalten haben, sie müsse sich doch wenigstens ihren Kindern zuliebe von einem so gewalttätigen Mann distanzieren. Und auch Sie werden unter Umständen wie Jessicas Schwester trotz allen Mitgefühls für Ihre abhängige Freundin wütend geworden sein und versucht haben, sie durch den Vorwurf, sie sei »masochistisch«, aufzurütteln.

Solche Äußerungen mögen gut gemeint sein. Sie wirken aber im Allgemeinen kontraproduktiv. Denn Ihre in einer solchen belastenden Beziehung lebende Freundin wird sich, wie Jessica, unverstanden und in die Defensive gedrängt fühlen. Sie aufzurütteln und vor allem sie zu *unterstützen*, ist wichtig und richtig. Der Vorwurf, sie sei, »genauso bekloppt wie Alex«, wie Jessicas Schwester es formuliert, und der Hinweis, sie sei ja masochistisch, sind jedoch kränkend und führen meist dazu, dass die Opfer häuslicher Gewalt sich zurückziehen und mit der betreffenden Person nicht mehr über ihre Situation sprechen. Wichtig ist hingegen gerade, dass die Opfer nicht alles alleine mit sich abmachen müssen, sondern sich einer Person, die sie so akzeptiert, wie sie sind, anvertrauen können.

Um Änderungen herbeizuführen, muss man zuerst einmal den *Hintergrund der Situation* erfassen und gleichsam von innen heraus die *Motive des Opfers*, trotz des Leidens in der Beziehung zu bleiben, kennenlernen. Auf jeden Fall geht es in solchen Situationen nicht um Masochismus. Das hieße ja, das Opfer habe Freude an der Gewalt und suche geradezu solche Situationen. So etwas zu Opfern zu sagen, ist nicht nur sachlich falsch und kränkend, sondern lädt ihnen zudem noch die Schuld an ihrer Misere auf. Ihnen wird dadurch ein zweites Mal Gewalt angetan.

Tatsächlich lösen Abhängigkeitsbeziehungen wie die, in der Jessica in ihrer Ehe lebt, große Irritation in ihrem Umfeld aus. Mit Recht stellen Sie sich als Angehöriger oder Freundin eines solchen Menschen, aber vermutlich auch Sie selbst als eine in einer solchen destruktiven Beziehung lebende Person die Frage: Warum harrt jemand in einer Beziehung aus, die ihm oder ihr so viel Leid beschert?

Im Allgemeinen lässt sich nicht nur ein einzelner Grund finden. Meist ist es ein *Faktorenbündel* mit verschiedenen Ebenen:

Eine erste Ebene ist oft die *finanzielle Situation*. Bei der Darstellung der Lebensgeschichte von Jessica Kühne habe ich darauf hingewiesen, dass die finanzielle Situation in der Familie prekär war. Alex hatte ein relativ kleines Einkommen und gab – wie Jessicas Vater – viel Geld für seinen Alkoholkonsum und seine Affären aus. Jessica steuerte durch ihre stundenweise Tätigkeit als Putzhilfe zwar etwas zum Haushalt bei, konnte dadurch aber nicht verhindern, dass sie auch die Unterstützung der Sozialhilfe in Anspruch nehmen musste. Fatalerweise hatte sie sich am Beginn ihrer Ehe von Alex auch noch dazu drängen lassen, ihre Lehre als Friseurin abzubrechen. So war sie finanziell weitgehend abhängig von ihrem Ehemann.

Sich aus einer solchen finanziellen Abhängigkeit zu lösen, ist mitunter extrem schwer, auch wenn das Ziel, sich aus der destruktiven Beziehung zu befreien, attraktiv ist. Nicht wenige Frauen harren deshalb in Abhängigkeitsbeziehungen aus, die ihnen ansonsten nur Leid und Schwierigkeiten bringen.

Bezüglich der finanziellen Ebene ist auch zu berücksichtigen, dass eine Frau wie Jessica die Ehe lange aufrechterhält, weil sie meint, auf diese Weise ihren Kindern wenigstens ein materiell einigermaßen gesichertes Leben zu garantieren. Das Ausharren in einer destruktiven Beziehung geschieht in diesem Fall aus Loyalität und Verpflichtungsgefühl den Kindern gegenüber, denn bekanntlich sind alleinerziehende Frauen besonders von Armut betroffen.

Ein wichtiger Teil der Motive, aufgrund derer eine Frau trotz des damit verbundenen Leidens in einer Abhängigkeitsbeziehung, wie Jessica sie erlebt, bleibt, ist *emotionaler Art*. Es sind im Allgemeinen verschiedene, unter Umständen auch widersprüchliche Gefühle, die zum Ausharren in derartigen Beziehungen führen.

Ein erster wichtiger Grund ist *Angst*. Die Angst kann Verschiedenes beinhalten: Es ist einmal die *Angst vor der Gewalttätigkeit des*

*Partners* und davor, dass er im Falle einer Trennung noch brutaler als sonst auf die sich ihm entziehende Partnerin reagieren wird. Wie viele Gewalttaten im Umfeld von Trennungen zeigen, ist diese Angst keineswegs unbegründet. Aus diesem Grunde bieten Frauenhäuser und Frauenberatungsstellen den Opfern häuslicher Gewalt Zufluchtsmöglichkeiten.

Als Angehöriger oder Freundin eines Opfers häuslicher Gewalt können Sie eine wichtige Funktion erfüllen, indem Sie dem Opfer bei der *Suche nach einer Wohnalternative* mit Rat und Tat zur Seite stehen.

Wenn Sie selbst in einer solchen Beziehung leben, ist es wichtig, dass Sie sich *kundig machen*, wo Sie Hilfe und Aufnahme finden können, um vor weiteren Angriffen geschützt zu sein.

Neben der Angst um die eigene Person besteht häufig auch *Angst um die Kinder*. Nicht wenige gewaltbereite Partner lassen ihre Wut über die Partnerin auch an den Kindern aus. Die Mutter muss deshalb fürchten, dass ihr Partner mit vermehrter Aggression auf die gemeinsamen Kinder reagiert, um die Frau quasi zu bestrafen, aber auch um sie zu zwingen, bei ihm zu bleiben.

Oft kommt es in diesem Zusammenhang auch zu erbitterten Kämpfen um das *Sorgerecht*. Dabei ist für manche der gewalttätigen Partner das Motiv dieses Kampfes nicht in erster Linie ihr Wunsch, nach der Trennung eine möglichst enge Beziehung zu den Kindern zu behalten. Im Vordergrund steht für sie auch nicht das Wohl der Kinder, sondern es geht einzig und allein darum, die Frau, die sich ihnen entzieht, so schwer wie möglich zu verletzen.

Ein anderes emotionales Motiv ist die *Einsamkeit*, die das Leben einer Frau wie Jessica Kühne prägt. Sie war schon in ihrer Kindheit und Jugend einsam, wurde von ihren Eltern wenig unterstützt, hat keine tiefer gehenden Kontakte zu Freundinnen oder Freunden und wird von der Schwester, an die sie sich in ihrer Not wendet, auch noch mit Vorwürfen und Entwertungen überhäuft. Viele Opfer häuslicher Gewalt leben ähnlich isoliert und bringen auch aus diesem Grund nicht die Kraft auf, sich der destruktiven Abhängigkeitsbeziehung zu entziehen.

Die Einsamkeit, die fehlende emotionale Zuwendung und die mangelnde Unterstützung, die Jessica Kühne in ihrer Herkunftsfamilie erlebt hat, sind ja auch der Grund dafür gewesen, dass sie so empfänglich für die Aufmerksamkeit und die Komplimente war, mit der Alex ihr am Beginn ihrer Beziehung begegnete. Bei einer derartigen Lebensgeschichte ist es verständlich, dass trotz großen Leidens die Beziehung zu der Person, die wenigstens noch ein Minimum an Zuwendung verspricht, nur mit größter Mühe aufgegeben werden kann.

Für das so weitgehend vereinsamte Opfer ist selbst der gewalttätige Partner immerhin noch ein Mensch, der eine Beziehung zu ihm aufrechterhält. Es ist eine Situation, die wir von emotional vernachlässigten Kindern kennen, die eine Bestrafung seitens der Eltern immer noch als etwas Besseres erleben, als von ihnen überhaupt nicht wahrgenommen zu werden.

Bei der Frage nach den Motiven, die zum Ausharren von Gewaltopfern in destruktiven Beziehungen führen, gilt es ferner zu berücksichtigen, dass die Partner häufig eine mehr oder weniger *lange gemeinsame* Geschichte haben. Gerade wenn jemand wie Jessica und Alex aus sozial und emotional schwierigen Familien stammen, kann diese Ähnlichkeit in Bezug auf die Herkunft und dann besonders auch die gemeinsame schwierige Beziehungsgeschichte zu einem *starken Bindeglied* werden.

Das gemeinsame emotionale Elend, die gemeinsame materielle Not, die gemeinsamen Kinder und nicht zuletzt die gemeinsame Gewalterfahrung können die Abhängigkeitsbeziehung bei den beiden Partnern verstärken. Im Grunde nämlich ist der gewalttätige Ehemann ähnlich abhängig von der Frau, die Opfer seiner Gewalttätigkeit wird, wie sie von ihm. Auch er kann sich ein Leben ohne sie nicht vorstellen und versucht deshalb mit allen Mitteln, so auch mit seiner Gewalttätigkeit, eine Trennung von ihr zu verhindern.

Schließlich kann es zum Ausharren eines Partners in einer destruktiven, von Gewalt geprägten Abhängigkeitsbeziehung auch kommen, wenn diese Person damit etwas *wiederholt, was sie in ihrer Herkunftsfamilie erlebt hat.* Diese Dynamik findet sich auch bei Jessica Kühne. In ihrer Herkunftsfamilie erfuhr sie wenig Aufmerksamkeit und Herzlichkeit und musste einen Vater erleben, der im Übermaß Alkohol trank und aggressiv gegenüber seiner Frau und den Kindern war. Im Grunde hat sie in Alex einen Mann gewählt, der dem Vater sehr ähnlich ist. Es ist ein ihr von Kindheit an bekanntes Beziehungsmuster, von dem sie sich gar nicht vorstellen kann, dass sie sich ihm entziehen könnte. Es mutet mitunter wie ein Fluch an, der auf einer solchen Familie lastet und von Generation zu Generation weitergegeben wird.

Diese Dynamik der Wiederholung des in der Kindheit erlebten Beziehungsmusters kennen wir auch in Form des sogenannten »Kreislaufs der Gewalt«.[22] Es ist eine tragische Tatsache, dass Menschen wie Alex, die in der Kindheit in ihrer Familie Opfer von Gewalt waren und sich vorgenommen haben, mit ihren eigenen Kindern und Partnern nie in aggressiver Weise umzugehen, nicht selten mit Entsetzen feststellen müssen, dass sie das, was sie als Opfer erlebt haben, später bei ihrer eigenen Familie als Täter wiederholen.

Ich habe die verschiedenen Motive, die zu einem Ausharren in einer destruktiven Beziehung führen können, so ausführlich dargestellt, um Ihnen als Angehörigem oder Freundin, der oder die einem Opfer von Gewalt beistehen will, deutlich zu machen, dass es tatsächlich für viele Menschen äußerst schwierig ist, sich aus eigener Kraft aus einer solchen Abhängigkeitsbeziehung zu befreien. Im Allgemeinen braucht es dazu die *Unterstützung von Vertrauenspersonen* und oft auch *psychotherapeutische Hilfe*.

Auch Sie, die Sie in einer solchen Abhängigkeitsbeziehung leben, werden sich immer wieder selbst gefragt und sich unter Umständen auch Vorwürfe gemacht haben, warum Sie die Beziehung nicht endlich abbrechen. Es ist verständlich, dass Sie wie Ihre Angehörigen und Freunde sich darüber Gedanken machen, warum Sie es lange Zeit nicht fertigbringen, sich aus der destruktiven Beziehung zu befreien. Die Reflexion der oben genannten Motive kann der erste Schritt zu einer Lösung sein.

Doch Selbstvorwürfe und Schuldzuweisungen an sich selbst nützen Ihnen in diesem Klärungsprozess nichts. Im Gegenteil! Sie erschweren Ihnen eine konstruktive Auseinandersetzung mit Ihrer Situation. Sie sollten sich vor Augen halten, dass Sie sehr stark in der Beziehung leiden und sich nicht noch zusätzlich mit Schuldgefühlen und Selbstvorwürfen quälen sollten. Wenn Sie über Ihr Verhalten nachdenken, sollten auch Sie berücksichtigen, dass es die oben geschilderten Motive gibt, die Ihnen den Abbruch der Beziehung schwer machen. Sich dieser Hintergründe bewusst zu werden, bedeutet dabei nicht, sie einfach zu akzeptieren und weiter im Elend auszuharren. Die Wahrnehmung der Gründe, die Sie in der destruktiven Beziehung festhalten, können Sie jedoch »milder« und weniger vorwurfshaft sich selbst gegenüber stimmen, was eine günstige Ausgangslage für eine Verhaltensänderung ist.

Es ist für alle Beteiligten, für Sie als Angehörigen oder Freundin ebenso wie für Sie als abhängige Person, schlimm zu erleben, dass es oft lange Zeit, unter Umständen sogar Jahre dauert, bis sich die in einer solchen Abhängigkeitsbeziehung lebende Person daraus zu befreien vermag. Vielleicht werden Sie sich selbst später auch Vorwürfe machen und sich fragen, warum Sie die Gelegenheiten, in denen Sie die Situation früher hätten ändern können, nicht genutzt haben. Dies hätte bei Jessica Kühne der Moment sein können, als die Schulpsychologin und das Jugendamt das Thema häusliche Gewalt angesprochen haben. Vielleicht machen auch Sie als Angehöriger oder Freundin sich später ähnliche Vorwürfe, dass Sie nicht früher eingegriffen haben. Selbstverständlich ist es sinnvoll, so früh wie möglich von sich aus den Absprung aus einer destruktiven Abhängigkeitsbeziehung zu finden oder einen entsprechenden Rat von Bezugspersonen oder Fachleuten anzunehmen. Doch ist dies, wie das Beispiel von Jessica Kühne zeigt, leider nicht immer möglich.

Zu Konflikten mit der Umgebung kann es auch dann kommen, wenn die in einer Abhängigkeitsbeziehung lebende Person zwar eine Trennung vollzieht, nach kurzer Zeit aber die Beziehung zum gewalttätigen Partner wiederaufnimmt. Nicht selten zieht das Opfer dann sogar bei der Polizei die Anzeige wegen häuslicher Gewalt wieder zurück. Es ist verständlich, dass Sie als Angehöriger oder Freundin ein solches Verhalten nur schwer nachvollziehen können und unter Umständen sogar verärgert darauf reagieren. Vielleicht haben Sie sich alle erdenkliche Mühe gegeben, mit der misshandelten Frau zusammen eine neue Wohnmöglichkeit zu finden, haben sie ins Krankenhaus und zur Polizei begleitet und sich schützend vor Ihre Tochter oder Freundin gestellt. Und nun »*kippt sie wieder um*« und begibt sich wieder zurück in die unheilvolle Beziehung zum Ex-Partner.

Versuchen Sie, sich in einer solchen Situation die oben angeführten Gründe für ein Ausharren in einer destruktiven Beziehung vor Augen zu führen, und wenden Sie sich nicht empört und enttäuscht von Ihrer Angehörigen ab. Sie braucht Ihre Unterstützung jetzt mehr denn je. Denn auch sie selbst wird sich über kurz oder lang die Frage stellen, warum sie wieder zum Ex-Partner zurückgegangen ist. Bleiben Sie als Angehöriger oder Freundin im Gespräch mit ihr. Und Sie, als in der Abhängigkeitsbeziehung lebende Person, sollten ebenfalls unbedingt die Beziehung zu Ihren Angehörigen und Freunden aufrechterhalten und sich deren Fragen stellen.

Eine rationale Einsicht kann unter Umständen durchaus bestehen, und das in der Beziehung erlittene Leid mag auch zu einer definitiven Trennung drängen – doch die Gefühle schießen »quer« und verhindern die Umsetzung dessen, was »vernünftig« wäre. Machen Sie sich als beziehungsabhängiger Mensch später nicht den Vorwurf, Sie hätten damals anders handeln sollen. Ganz offensichtlich war die Zeit für eine definitive Trennung damals noch nicht reif und Sie hatten noch nicht genug Kraft, sich aus der Abhängigkeit zu befreien.

Leider gelingt die Befreiung aus der Abhängigkeit manchmal erst dann, wenn die Folgen der Misshandlungen so offensichtlich und schwer werden wie bei Jessica Kühne, als sie mit Verletzungen ins Krankenhaus eingeliefert wurde, und wenn dann Außenstehende eingreifen. Es ist sehr wichtig, dass Sie als in der Abhängigkeitsbeziehung lebende Person diese *Angebote dann auch nutzen*. Wenn Sie Angehöriger oder Freundin sind, ist es wichtig, dass Sie in diesem Moment *bereit sind, Ihrer Freundin tatkräftig zur Seite zu stehen.*

## Auf den Punkt gebracht

- Es gibt Beziehungen destruktiver Art, bei denen sich angesichts der darin herrschenden Gewalt Außenstehende und nicht selten auch die Opfer selbst fragen, warum die Partner weiterhin in dieser Beziehung leben.
- Immer wieder ist in diesem Zusammenhang der Vorwurf zu hören: »Das ist ja masochistisch.« Dieser Vorwurf ist sachlich falsch und verletzt das Opfer ein zweites Mal.

- Es gibt etliche Gründe dafür, dass Menschen unter Umständen lange Zeit in derartigen destruktiven Beziehungen ausharren und es nicht schaffen, sich zu trennen. Die Hauptgründe sind:
  - es kann eine finanzielle Abhängigkeit bestehen,
  - das Opfer will durch das Ausharren in der Beziehung den Kindern wenigstens ein materiell gesichertes Leben ermöglichen,
  - die Angst vor einer Eskalation der Gewalt, die sich im Falle einer Trennung gegen die Frau und auch die Kinder richten könnte,
  - Angst vor Einsamkeit,
  - der Partner gibt der Frau wenigstens ein Minimum an Aufmerksamkeit,
  - die gemeinsame Geschichte der Partner kann eine starke Bindung darstellen,
  - die gewalttätige Beziehung kann die Wiederholung eines Beziehungsmusters aus der Herkunftsfamilie sein.

## Was Sie als in einer Abhängigkeitsbeziehung lebende Person tun können

- Machen Sie sich wegen des Ausharrens in der destruktiven Beziehung keine Vorwürfe und richten Sie keine Schuldzuweisungen gegen sich selbst. Damit schaden Sie sich nur, und es hilft Ihnen in keiner Weise bei der Suche nach einer Lösung. Wehren Sie sich gegen das Argument, Sie seien »masochistisch«. Das ist sachlich falsch und verletzt Sie.
- Versuchen Sie die Motive Ihres Ausharrens in der Beziehung (siehe oben) zu klären.
- Suchen Sie das Gespräch mit einer Vertrauensperson. Allein das Aussprechen Ihrer Not wird Sie erleichtern. Nehmen Sie die Kommentare Ihres Gesprächspartners ernst.
- Suchen Sie Beratung und Unterstützung bei einer Frauenberatungsstelle und schützen Sie sich und Ihre Kinder, indem Sie in einem Frauenhaus Zuflucht suchen. Wenden Sie sich außerdem an eine in der Behandlung von Gewaltopfern erfahrene Psychotherapeutin.

### Was Sie als Angehöriger oder Freundin tun können

- Auch wenn Sie nicht nachvollziehen können, warum Ihre Angehörige oder Freundin in einer destruktiven Beziehung ausharrt, richten Sie keine Vorwürfe und Schuldzuweisungen an sie. Sprechen Sie vor allem nicht davon, sie sei »masochistisch«. Das ist sachlich falsch, und damit verletzen Sie Ihre Angehörige.
- Versuchen Sie zusammen mit Ihrer Angehörigen oder Freundin deren Motive zu klären, warum sie es nicht fertigbringt, sich zu trennen. Und nehmen Sie diese Gründe ernst.
- Machen Sie der in einer destruktiven Beziehung lebenden Person ein Gesprächsangebot. Allein die Tatsache, dass Ihr Angehöriger oder Ihre Freundin ihre Not aussprechen kann und Sie ihr zuhören, kann schon eine Erleichterung sein und ihr helfen, sich der Motive ihres Verhaltens bewusst zu werden.
- Besprechen und planen Sie mit Ihrer Angehörigen oder Freundin konkrete Alternativen zur jetzigen Beziehung und helfen Sie ihr dabei, Schutz vor der Gewalt des Partners (z. B. in einem Frauenhaus) zu finden und psychotherapeutische Hilfe in Anspruch zu nehmen.

## 12. Gibt es Rettung aus Abhängigkeitsbeziehungen?

An das Ende dieses Ratgebers möchte ich das Beispiel einer Frau stellen, die sich in einer schwierigen, beinahe tödlich endenden Abhängigkeitsbeziehung befunden hat und der es gelungen ist, sich aus dieser Abhängigkeit zu befreien. Ich möchte damit zeigen, dass es immer Wege aus der Abhängigkeit gibt, selbst wenn diese schwierig sind und mitunter viel Geduld und Mut erfordern.

Mara Kleinert war das jüngste von drei Kindern eines Ingenieurs und einer Bankkauffrau. Ihre beiden Geschwister waren wesentlich älter: die Schwester zehn, der Bruder acht Jahre. Wie Mara als Jugendliche erfuhr, hatten die Eltern eigentlich nur zwei Kinder haben wollen. Sie sei, wie die Mutter es bei einem Gespräch einmal formuliert hatte, »ein Unfall« gewesen. Lachend hatte die Mutter gemeint, so etwas gebe es halt manchmal. Sie habe schon vieles in ihrem Leben »gemanaged«. Selbstzufrieden hatte die Mutter hinzugefügt: »Meiner Karriere in der Bank hast du zum Glück nicht geschadet. Mit Haushaltshilfe und Kinderfrau haben wir dich dann ja auch erfolgreich großgezogen.«

Wenn Mara Kleinert zurückschaute, fand sie, sie habe eigentlich keine schwierige Kindheit gehabt. »Es war für alles gesorgt. Ich hatte keine Not zu leiden. Eigentlich müsste ich zufrieden sein.« Dennoch spürte sie bereits als Kind, dass ihr etwas Entscheidendes fehlte: bedingungslose Liebe, Zuwendung sowie emotionale Wärme und Zärtlichkeit.

Beide Eltern waren beruflich sehr engagiert und hatten kaum Zeit für die jüngste Tochter. Die älteren Geschwister begannen ihre Berufsausbildungen, als Mara noch ein Kind war. Sie waren für sie auch nie »Geschwister« gewesen, sondern eigentlich zwei weitere Erwachsene, mit denen sie zusammenlebte.

Die für Mara engagierte Kinderfrau war eine strenge, eher kühle Frau, die großen Wert auf »ordentliches Benehmen« und gute Leistungen legte. Dies war der Grund für Maras Mutter gewesen, gerade sie auszuwählen.

Einzig die Frau, die für den Haushalt sorgte, Anfang 50, war warmherzig und widmete sich, soweit ihre Arbeit es zuließ, dem Mädchen. »Materiell wächst Mara in den besten Verhältnissen auf«, berichtete sie einmal einer Freundin. »Aber die Atmosphäre bei den Kleinerts ist wie in einem Eisschrank. Die Mutter hat null Interesse an Mara, der Vater kennt nur seine Arbeit und die Kinderfrau ist eine Katastrophe. Mara tut mir wirklich leid!«

Mara Kleinert lernte früh, sich den an sie gestellten Forderungen anzupassen. Sie war »brav«, was bei Kleinerts hieß, ruhig zu sein, den reibungslosen Ablauf des Alltags nicht zu stören und in der Schule gute Leistungen zu erbringen. Das Bravsein brachte ihr zwar keine Liebe ihrer Bezugspersonen ein, aber immerhin eine gewisse Anerkennung seitens der Eltern. Obwohl Mara ein unproblematisches Kind zu sein schien, war sie in ihrem tiefsten Inneren ängstlich und selbstunsicher und zweifelte bei der geringsten Kritik massiv an ihren Fähigkeiten.

Im Laufe der Jahre war Mara so anspruchslos geworden, dass sie eine kleine Anerkennung bereits als Glück erlebte und sich alle erdenkliche Mühe gab, es den Menschen, mit denen sie in der Schule und später in der Ausbildung zur Pflegefachkraft in Kontakt kam, recht zu machen. Die Eltern waren zwar mit Maras Berufswahl nicht einverstanden gewesen, weil der Beruf einer »Krankenschwester«, wie sie ihn in alter Manier nannten, ihrer Tochter nicht angemessen sei. Aber auch in dieser Hinsicht zeigten sie kein wirkliches Interesse an Mara und setzten sich nicht ernsthaft mit ihr und ihren Berufsvorstellungen auseinander.

Mara Kleinert war jedoch begeistert von ihrer beruflichen Tätigkeit. In der Pflege von Kranken erlebte sie zum ersten Mal in ihrem Leben, dass es nicht nur auf gute Leistungen ankam, sondern dass sie anderen Menschen etwas zu geben vermochte, auf das die Kranken mit echter Dankbarkeit reagierten. So sehr Mara diese für sie neue Erfahrung auch genoss, so wenig vermochte sie sich dadurch jedoch von ihren Selbstzweifeln zu befreien und ihr labiles Selbstwertgefühl zu stabilisieren. Auch wenn niemand etwas kritisierte, stand sie doch permanent unter dem Eindruck, sie habe sicher etwas falsch gemacht und werde dafür später zur Rechenschaft gezogen.

Trotz all dieser Schwierigkeiten gelang es Mara Kleinert nach dem Abschluss ihrer Ausbildung im Laufe der Jahre, ein einigermaßen befriedigendes Leben zu führen. Dabei stand die Arbeit eindeutig im Mittelpunkt.

Neben ihrer beruflichen Tätigkeit half sie in ihrer Freizeit in einer Suppenküche bei der Versorgung von drogenabhängigen und obdachlosen Menschen. Außerdem hatte sie sich einer lokalen Gruppe von ehrenamtlich Tätigen angeschlossen, die asylsuchende Familien im Alltag unterstützten. Aufgrund ihres unermüdlichen Einsatzes war Mara Kleinert überall gerne gesehen und erntete großes Lob für ihr Engagement. Doch innerlich spürte sie nach wie vor eine große, quälende Leere.

In dem Krankenhaus, in dem Mara Kleinert tätig war, arbeitete ein etliche Jahre jüngerer Assistenzarzt, Arnold Schlüter. Mara Kleinert bewunderte ihn wegen seines guten Aussehens und seiner fachlichen Kenntnisse. Während Maras Kolleginnen und Kollegen Arnold Schlüter als »Kotzbrocken« bezeichneten und fanden, er schneide mit seinem Wissen maßlos auf, war Mara extrem beeindruckt von ihm. Zu ihrem großen Erstaunen lud Arnold Schlüter sie eines Tages ein, mit ihm zusammen mittags in der Kantine zu essen. Mara Kleinert hatte eine solche Einladung nie erwartet und konnte es kaum glauben, dass dieser ihr unerreichbar erscheinende Mann wirklich sie meinte.

Bei diesem ersten gemeinsamen Essen zeigte sich Arnold Schlüter von seiner besten Seite. Er war äußerst zuvorkommend und höflich, ein kurzweiliger Gesprächspartner und er überhäufte Mara Kleinert geradezu mit Komplimenten. Auf der einen Seite war ihr die enorme Aufmerksamkeit, die Arnold Schlüter ihr entgegenbrachte, peinlich. Sie war so etwas absolut nicht gewöhnt. Auf der anderen Seite tat ihr seine Gesellschaft aber auch unendlich gut, und sie fühlte sich so wohl wie noch nie in ihrem Leben. Als sich Arnold Schlüter am Ende von ihr mit einem Kuss auf die Wange verabschiedete, war Mara Kleinerts Glück vollkommen.

In den folgenden Monaten verbrachten Mara Kleinert und Arnold Schlüter mehr und mehr Zeit zusammen. Als er gerne auch sexuellen Kontakt zu Mara haben wollte, zögerte sie zwar zunächst, weil sie fürchtete, sich wegen ihrer Unerfahrenheit zu blamieren. Schließlich aber gab sie Arnolds Drängen nach und erlebte auch in dieser Hinsicht eine Intensität ihrer Beziehung, wie sie sie niemals erwartet hätte.

Als sie einer Kollegin strahlend von ihrer Beziehung zu Arnold Schlüter berichtete, konnte diese Maras Begeisterung nicht teilen. »Du solltest dich nicht so an diesen Typ binden«, warnte sie Mara. »Er ist dafür berüchtigt, Frauen auszunutzen und sie dann, wenn er ihrer überdrüssig geworden ist, fallen zu lassen.« Mara Kleinert war empört über diese negative Charakterisierung und widersprach ihrer Kollegin entschieden: »Das ist ein böses Gerücht! So ist Arnold nicht. Er liebt mich wirklich und möchte mich heiraten. Er ist der tollste Mann, den du dir denken kannst. Ich kann mir gar nicht mehr vorstellen, ohne ihn zu leben.«

Es vergingen indes nur wenige Monate, bis sich bewahrheitete, wovor die Kollegin Mara Kleinert gewarnt hatte. Maras Eltern waren innerhalb eines halben Jahres gestorben und hatten ihren Kindern ein ansehnliches Vermögen hinterlassen. Als Mara dies Arnold erzählte, fragte er sie, ob sie ihm »einen ganz großen Gefallen« tun wolle. Da Mara sich wegen der Aufmerksamkeit und Liebe, die Arnold ihr schenkte, tief in seiner Schuld fühlte, war sie begeistert, endlich auch einmal etwas für ihn tun zu können. Auf ihre Frage, welchen Gefallen sie ihm denn tun könne, antwortete er, er würde so gerne einen Porsche Turbo S Cabriolet kaufen, habe aber im Augenblick nicht das dazu nötige Geld zur Verfügung. Seine Bitte war, ob Mara ihm mit einem Betrag von 30 000 Euro »aushelfen« könne. Dann sei er in der Lage, sich dieses heiß ersehnte Auto zu kaufen. Er werde ihr das Geld in spätestens drei Monaten zurückzahlen.

Mara Kleinert, die für sich selbst extrem anspruchslos war, erschien ein solcher Betrag geradezu astronomisch. Sie war jedoch überglücklich, ihrem Freund einen Gefallen tun zu können. Als er ihr drei Monate später mitteilte, sie müsse sich noch etwas mit der Rückzahlung gedulden, meinte sie, es eile überhaupt nicht damit. Es vergingen etliche weitere Monate, ohne dass Arnold Schlüter die Rückzahlung des Geldes erwähnte. Immer wieder nahm Mara Kleinert sich vor, ihn zu fragen, wann er ihr das geliehene Geld zurückzahlen werde, wagte es aber letztlich nicht, weil sie fürchtete, er werde verärgert darauf reagieren.

Gleichzeitig stellte Mara Kleinert mit Bedauern fest, dass sie sich immer seltener trafen. Wenn sie Arnold bat, einen Abend mit ihr zu verbringen, lehnte er dies meistens mit den Argumenten »Müdigkeit« und »zu viel Arbeit« ab. Mara litt sehr unter dieser zunehmenden Distanzierung, wagte aber nicht, es Arnold zu sagen. Zudem schämte sie sich dieser Gefühle, weil sie von sich erwartete, dass sie mehr Verständnis für ihn aufbringen und nicht so »egoistisch« sein sollte.

An einem Abend, an dem Mara Kleinert nach der Arbeit noch mit der Kollegin, die sich früher negativ über Arnold Schlüter geäußert hatte, in ein Restaurant ging, fragte diese, wie es Mara gehe. Es tue ihr leid, dass sie von Arnold Schlüter verlassen worden sei. Aber sie habe sie ja schon damals vor ihm gewarnt. Mara Kleinert widersprach der Kollegin heftig: Arnold habe sie nicht verlassen. Sie hätten sich in letzter Zeit lediglich weniger häufig getroffen, weil er so viel arbeite. Ihre Beziehung bestehe aber nach wie vor. Ob Mara denn nicht wüsste, dass Arnold an einem neuen Arbeitsort eine Assistenzärztin kennengelernt und mit ihr zusammen sei, war die erstaunte Frage der Kollegin. »Mit ihr rast er doch immer in seinem Porsche herum.«

Mara Kleinert war wie vor den Kopf geschlagen. Sie hatte nicht entfernt daran gedacht, dass Arnold sie hintergehen würde und mit einer anderen Frau zusammen sein könnte. Sie war fassungslos und brach in Tränen aus. Die Kollegin war erschüttert, dass Mara von all dem nichts mitbekommen hatte. Sie versuchte, so gut sie konnte, sie zu trösten, und begleitete Mara nach Hause, weil sie merkte, wie schwer diese Nachricht sie getroffen hatte.

Tatsächlich brach für Mara Kleinert eine Welt zusammen. Arnold Schlüter war der erste und einzige Mensch in ihrem Leben gewesen, der ihr Beachtung und Liebe geschenkt hatte. In ihn hatte sie unendliches Vertrauen gehabt – und nun hatte er sie so schamlos hintergangen!

Noch am gleichen Abend rief sie Arnold an. Sie konnte ihn jedoch nicht erreichen, sondern nur eine Nachricht auf seinem Anrufbeantworter hinterlassen. Sie bat ihn inständig, sie doch sofort anzurufen, wenn er nach Hause komme, egal wann das sei. »Ich muss dich unbedingt noch heute sprechen!«

Arnold Schlüter meldete sich jedoch weder in dieser Nacht noch in den folgenden Tagen. Er reagierte auch auf keine der unzähligen SMS, die Mara Kleinert in ihrer Verzweiflung an ihn schrieb. Immer wieder versuchte sie sich selbst zu beruhigen und fand die verschiedensten Gründe für sein Schweigen: Wahrscheinlich war er verreist und hatte sein Handy nicht bei sich; sein Handy sei defekt und er erhalte deshalb ihre Nachrichten nicht; vielleicht war er ja krank und konnte ihr deshalb nicht antworten.

Nach wochenlangem verzweifeltem Warten auf eine Antwort fand Mara Kleinert schließlich eines abends eine kurze SMS-Nachricht von Arnold Schlüter auf ihrem Handy: »Bitte hör auf, mich zu belästigen!!!«

Mara Kleinert war fassungslos, als sie diese SMS las. Keine Entschuldigung für sein langes Schweigen. Keine Frage, wie es ihr gehe. Kein Vorschlag, sich bald zu treffen. Kein Wort zu den Schulden, die er bei ihr hatte. Nur diese kurze Mitteilung, sie solle ihn nicht mehr »belästigen«. Was war mit all seinen Liebesschwüren? Was mit ihren Hochzeitsplänen? War dies nun das Ende ihrer wunderbaren Beziehung?

Mara Kleinert verstand die Welt nicht mehr. Sie konnte sich ein Leben ohne Arnold nicht vorstellen. »Jetzt habe ich alles verloren, was mir Halt und meinem Leben Sinn gegeben hat«, war ihr düsteres Fazit. »So kann ich nicht weiterleben.« In ihrer Verzweiflung nahm sie eine große Dosis eines Schlafmittels und wollte sterben.

Glücklicherweise wurde Mara Kleinert von ihrer Kollegin gefunden. Sie hatte etliche Male versucht, sie zu erreichen und war beunruhigt, dass Mara sich nicht meldete. Aus dem Gespräch mit ihr wusste sie, dass Mara völlig verzweifelt war und mehrfach geäußert hatte, ohne Arnold Schlüter habe ihr Leben keinen Sinn mehr. Als Mara nicht öffnete, rief die Kollegin die Polizei, die Mara Kleinert ohnmächtig in ihrer Wohnung fand und sie sofort vom Notarzt ins Krankenhaus bringen ließ.

Als sie wieder bei Bewusstsein war, hatte Mara Kleinert ein Gespräch mit einem Psychiater, der sich nach den Gründen ihres Suizidversuchs erkundigte. Er riet ihr dringend zu einer Psychotherapie, um die Hintergründe ihrer Abhängigkeit von Arnold Schlüter zu klären und sich darüber klar zu werden, warum sie so heftig auf seinen Rückzug und auf die Enttäuschung über ihn reagiert hatte.

Zunächst wies Mara Kleinert das Angebot einer Psychotherapie dezidiert zurück. So etwas brauche sie nicht. Sie würde alleine mit diesem Problem fertig, so wie sie immer alle ihre Schwierigkeiten selbstständig bewältigt hätte. Bei einem zweiten Gespräch mit dem Psychiater war sie jedoch schon weniger ablehnend und akzeptierte immerhin, dass er ihr die Namen von zwei Therapeutinnen gab, mit denen sie Kontakt aufnehmen könne.

Als die Kollegin, die die Polizei gerufen hatte, Mara Kleinert auch dringend riet, eine Psychotherapeutin aufzusuchen, willigte sie schließlich ein und meldete sich nach der Entlassung aus dem Krankenhaus bei einer der ihr empfohlenen Therapeutinnen an.

Anfangs fiel es Mara Kleinert schwer, mit der Therapeutin offen über ihre Beziehung mit Arnold Schlüter und über ihre tiefe Enttäuschung darüber, dass er sie ausgenutzt und hintergangen hatte, zu sprechen. Beim intensiveren Gespräch über die Beziehung zu ihm wurde Mara Kleinert deutlich, dass sie sich von Anfang an geradezu verzweifelt, »wie eine Ertrinkende«, meinte sie jetzt selbst, an den Freund geklammert hatte. Es hatte gereicht, dass er ihr einige Komplimente machte, und schon hatte sie alle Eigenständigkeit aufgegeben und sich ihm total überlassen.

»Wenn ich das jetzt mit etwas Distanz anschaue, erschreckt es mich zu sehen, wie abhängig ich mich von ihm gemacht habe«, gestand sie der Therapeutin in einer Sitzung. Voller Scham fügte sie, flüsternd, hinzu: »Und das Schlimmste ist: Er müsste nur mit dem Finger schnipsen, und ich würde keine Sekunde zögern und wäre wieder bei ihm. Warum gebe ich ihm nur eine solche Macht über mich?«

Zusammen mit der Therapeutin arbeitete Mara Kleinert heraus, dass sie sich in einem so starken Maße an Arnold Schlüter gebunden hatte, weil er ihre seit Kindheit bestehenden, immer unbefriedigt gebliebenen Wünsche nach Akzeptanz und Zuwendung gespürt und ihr den Eindruck vermittelt hatte, er werde sie erfüllen. Der Glaube, er werde derjenige sein, der ihr all das geben werde, was sie lebenslang vermisst hatte, ließ ihn für Mara Kleinert zu einem Hoffnungsträger werden, in dessen Händen sie Wachs war, das er nach seinem Willen formen konnte.

Voller Scham, aber auch mit immenser Wut musste Mara Kleinert sich eingestehen, dass sie sich Arnold Schlüter gleichsam ausgeliefert hatte. »Ich bin doch eine dumme Gans!«, klagte sie sich an. »Nur weil dieser Idiot mir schöne Augen gemacht hat, habe ich meinen Verstand abgeschaltet und mich total abhängig von ihm gemacht. Ich hätte wenigstens auf meine Kollegin hören sollen, als sie mich vor ihm gewarnt hat. Ich weiß nicht, was in mich gefahren ist, dass ich ihm 30 000 Euro geliehen habe, ohne mich abzusichern, dass er mir die auch zurückzahlt!«

Auf der Suche nach den Gründen, die zu diesem Verhalten geführt hatten, stieß Mara Kleinert in der Therapie schließlich auf die Situation in ihrer Herkunftsfamilie: auf die Ablehnung und Kühle der Mutter, auf das Desinteresse des Vaters, auf die Strenge der Kinderfrau und auf Maras unendliche Sehnsucht nach Liebe und bedingungsloser Akzeptanz, die sie von allen diesen für sie wichtigen Bezugspersonen nicht erhalten hatte. Dankbar erinnerte sie sich in diesem Zusammenhang an die Haushaltshilfe, die bei ihren Eltern im Haus gearbeitet hatte. Wenigstens von ihr hatte sie etwas von dem erhalten, was die anderen ihr nicht gegeben hatten. Aber es hatte nicht gereicht. Zurückgeblieben war eine unerträgliche Leere und ein unstillbarer Hunger nach Zuwendung.

Mit Schrecken wurde Mara Kleinert in der Therapie klar, dass Arnold Schlüter genau diese ihre Not gespürt und schamlos ausgenutzt hatte. Gierig hatte sie jeden kleinsten »Liebes«beweis von ihm aufgesogen und gehofft, dass er all die Entbehrungen ihrer Kindheit und Jugend wettmachen würde. Es schmerzte sie, sich einzugestehen, dass sie dafür jedes Opfer gebracht hätte. Als ihr dies bewusst wurde, war sie trotz des Schmerzes über die Trennung im tiefsten Inneren froh, dass Arnold Schlüter sie verlassen hatte. Es schauderte sie bei dem Gedanken daran, zu was sie noch bereit gewesen wäre. Er hätte sie vermutlich zugrunde richten können, und sie wäre ihm wie die Ratten in der Geschichte vom Rattenfänger von Hameln blind ins Verderben gefolgt.

Es war ein schmerzhafter therapeutischer Prozess, den Mara Kleinert zu durchlaufen hatte, mit vielen Hochs und Tiefs, bis ihr klar wurde, dass sie die in ihr bestehende Leere, die sie so abhängig von Arnold Schlüter gemacht hatte, nie durch Zuwendung von außen würde füllen können. Selbst wenn jemand ihr unendlich viel Liebe und Anerkennung gäbe, würde dies nie die in der Kindheit fehlende Liebe ersetzen. Das Einzige, was sie tun konnte – und unbedingt tun musste, um sich aus dem Sog in der Beziehungsabhängigkeit zu befreien –, war, die Trauer über das so schmerzhaft Vermisste zu ertragen, sich selbst mit ihrer Bedürftigkeit zu akzeptieren und das an Liebe und Zuwendung wertzuschätzen, was andere Menschen ihr gaben. Das Fazit ihrer Therapie lautete: Auch wenn, bildhaft gesprochen, das Glas nie ganz voll sein wird, ist es wichtig, das halb oder dreiviertel volle Glas wahrzunehmen und wertzuschätzen.

Die Lebens- und Leidensgeschichte von Mara Kleinert ist keineswegs selten. Glücklicherweise kommt es nicht immer zu so schwerwiegenden Verletzungen, wie sie sie erlitten hat. Charakteristisch für Menschen, die wenig Liebe und Bestätigung in Kindheit und Jugend erfahren haben, ist aber das daraus resultierende instabile Selbstwerterleben und das quälende Gefühl von innerer Leere. Je nach Ausmaß der Beeinträchtigung besteht ein unstillbarer Hunger nach Akzeptanz und

Bestätigung. Solche Menschen reagieren schon auf die kleinsten positiven Signale, die ihnen jemand sendet, und sind dankbar für die geringste Zuwendung.

Dies macht Menschen wie Mara Kleinert in hohem Maße manipulierbar. Es reichen ein paar Komplimente oder eine Einladung, wie Arnold Schlüter es macht, und schon ist die Person bereit, alle eigenen Interessen zurückzustellen und sich völlig auf den Partner auszurichten. Die Beziehungsabhängigkeit führt dann leicht dazu, dass die beziehungsabhängige Person allen Versprechungen der Partnerin oder des Partners blind vertraut und Dinge tut, die, von außen betrachtet, absolut unsinnig sind.

Bei Mara Kleinert ist dies beispielsweise ihre Bereitschaft, Arnold Schlüter eine hohe Geldsumme zu geben und sich dabei nicht einmal durch einen schriftlichen Vertrag abzusichern. Es ist tragisch, dass sie selbst äußerst sparsam ist und geradezu asketisch lebt und nicht einen Moment zögert, dem Freund eine solche Summe ohne jegliche Sicherheit zu überlassen.

Charakteristisch für beziehungsabhängige Menschen ist auch, dass sie gegenüber kritischen Argumenten über die von ihnen bewunderte Person oft weitgehend unzugänglich sind. So haben die Hinweise von Mara Kleinerts Kollegin, Arnold Schlüter sei ein »Frauenheld« und bekannt dafür, dass er seine Freundinnen nach kurzer Zeit, wenn sie ihm lästig würden, fallen lasse, nicht die geringste Wirkung auf sie. Sie verteidigt ihn und klammert sich geradezu verzweifelt an das Bild des sie liebenden Freundes, der es ernst mit ihr meint und dem sie rückhaltlos vertrauen kann. Wie Mara Kleinerts Geschichte zeigt, ist Enttäuschung und tiefe Verletzung geradezu zwangsläufig die Folge einer solchen Beziehungsdynamik.

Auch wenn *kritische Kommentare* von Freunden oder Familienangehörigen mitunter keine positive Wirkung haben, ist es dennoch wichtig, dass Sie als Angehöriger oder Freundin damit *nicht hinter dem Berg halten*. Es mag sein, dass Ihre beziehungsabhängige Angehörige, wie Mara Kleinert, darauf zunächst ablehnend reagiert. Sie wird sich dadurch aber unter Umständen die Person, der sie sich mit blindem Vertrauen überlässt, doch kritischer anschauen. Das hätte bei Mara Kleinert beispielsweise eine größere Vorsicht beim Leihen eines hohen Geldbetrags bewirken können. Oder sie hätte, durch die kritischen Kommentare der Kollegin gewarnt, seinen Begründungen, warum er sie nicht häufiger traf, misstraut. Kritische Kommentare haben vor allem bei Menschen, die nicht in einem solchen Maße beziehungsabhängig sind wie Mara Kleinert, eine nicht zu unterschätzende Wirkung.

Wichtig bei Ihren kritischen Kommentaren ist, dass Sie diese in taktvoller, die Gefühle Ihrer Angehörigen nicht verletzender Weise formulieren und dass daraus Ihre Sorge um die beziehungsabhängige Person spürbar wird. Vermeiden Sie alles, wodurch der Eindruck entstehen könnte, Sie wollten die Partnerin oder den Partner der beziehungsabhängigen Person »schlecht machen«, oder wodurch Sie ihr vermitteln würden, sie sei »naiv« und verhalte sich »dumm«. Wie aus meinen Ausführungen in diesem Ratgeber hervorgegangen ist, geht es in solchen Situationen nicht um Naivität oder Dummheit, sondern um den verzweifelten Versuch der beziehungsabhängigen Person, Liebe und Anerkennung zu finden, die ihr bisher verwehrt waren.

Als beziehungsabhängige Person sollten Sie *Warnungen*, wie Mara Kleinerts Kollegin sie ausspricht, *ernst nehmen*. Wahrscheinlich werden Sie spüren, dass Ihre Angehörigen oder Freunde recht haben. Eben deshalb werden Sie sich vermutlich zunächst auch so heftig gegen deren Aussagen wehren. Denn Ihnen wird tief im Innern klar sein, dass die Hoffnung auf die Erfüllung Ihrer Wünsche nach Liebe und Anerkennung in dieser Beziehung nicht erfüllt werden kann. Gerade weil Sie sich so sehr an diese Hoffnung klammern, werden Sie wahrscheinlich jegliche Kritik an der Person, die Ihnen die Erfüllung Ihrer Wünsche verspricht, zurückweisen.

Es sollte Sie jedoch nachdenklich stimmen, dass Ihre Angehörigen oder Freunde, die es gut mit Ihnen meinen, Sie warnen. Vertrauen Sie diesen Personen, aus deren Äußerungen Sorge um Sie spricht. *Hören Sie zumindest genau hin*, was diese Menschen Ihnen sagen, und prüfen Sie im Umgang mit der Person, die Sie so grenzenlos lieben, ob nicht manche Kritikpunkte tatsächlich zutreffen.

Werden Sie vor allem vorsichtig, wenn es, wie bei Mara Kleinert, um *finanzielle Aspekte* geht, und sichern Sie sich vertraglich ab. Auch in freundschaftlichen und familiären Beziehungen ist es kein Vertrauensbruch, bei finanziellen Zuwendungen die Konditionen schriftlich zu fixieren und von beiden Beteiligten unterschreiben zu lassen.

Wenn beispielsweise eine Freundin Sie gewarnt hat, dass Sie von einem Partner abhängig seien, könnten Sie in Zukunft die Handlungen Ihres Beziehungspartners etwas kritischer anschauen, wenn er Sie zu irgendeiner Handlung zu drängen versucht. Dies gilt insbesondere, wenn es um finanzielle Fragen geht. Seien Sie in diesem Falle mutig und bestehen Sie darauf, dass ein von Ihnen beiden unterzeichneter Vertrag geschlossen wird. Ein Partner, der Sie wirklich liebt, wird niemals Anstoß daran nehmen. Im Gegenteil: Er wird eine vertragliche Vereinbarung für selbstverständlich halten und sie von sich aus vorschlagen. Erhebt ein Partner jedoch Einspruch gegen eine solche verbindliche Abmachung und macht Ihnen deshalb vielleicht sogar Vorwürfe, so seien Sie gewarnt.

Ein Problem könnte für Sie als beziehungsabhängige Person dadurch entstehen, dass Sie zwar wahrnehmen können, dass die Warnungen Ihrer Angehörigen oder Freunde berechtigt sind, Sie sich aber dafür schämen, diese Warnungen nicht früher ernst genommen und sich nicht dementsprechend verhalten zu haben. Versuchen Sie sich unbedingt klarzumachen, dass Gefühle der *Scham absolut fehl am Platz* sind. Indem Sie sich auf eine Beziehung eingelassen haben, die Ihnen die Erfüllung lang gehegter Sehnsüchte versprach, haben Sie nichts getan, dessen Sie sich schämen müssten.

Sie sollten sich auch nicht vorwerfen, die Warnung Ihrer Angehörigen nicht ernst genommen zu haben. Im Grunde haben Sie sich nicht anders verhalten als andere Menschen auch. Wir alle hoffen auf die Erfüllung der für uns wichtigen Wünsche und lassen uns nicht ohne Weiteres davon abbringen. Da es für Sie um so zentrale Bedürfnisse wie Anerkennung, Akzeptanz und bedingungslose Zuwendung geht, auf die Sie seit Ihrer Kindheit verzichten mussten, »kämpfen« Sie natürlich umso mehr für die Erfüllung dieser Wünsche und wehren sich verständlicherweise vehement dagegen, diese Hoffnung in der aktuellen Beziehung aufzugeben.

Die im Beispiel geschilderte Mara Kleinert hat einen für ihre weitere Entwicklung wichtigen Schritt getan, als sie sich entschlossen hat, *psychotherapeutische Hilfe* zu suchen. Wie ich in meinem Bericht dargestellt habe, kann eine Psychotherapie ein schwieriger Prozess sein. Er rührt an alte Wunden und leidvolle Erfahrungen der Vergangenheit. Es ist deshalb verständlich, dass Menschen nicht selten zögern oder sogar vehement ablehnen, eine Psychotherapie zu beginnen. Was jahre- bis jahrzehntelang verdrängt und mit verschiedensten, oft problematischen Verhaltensweisen kompensiert wurde, bahnt sich in einer Psychotherapie mit allen damit verbundenen Gefühlen einen Weg ins Bewusstsein.

Bei Mara Kleinert sind es der seit ihrer Kindheit bestehende, vom bewussten Erleben abgespaltene Schmerz über die nicht erfahrene Liebe und Akzeptanz sowie ihr Bemühen, über die Dankbarkeit der von ihr aufopfernd gepflegten Patientinnen und Patienten wenigstens etwas von der Zuwendung zu erhalten, die sie in ihrer Familie so schmerzhaft vermisst hat. Wie Mara Kleinert erleben Menschen mit einer Beziehungsabhängigkeit oft erstmals in der Psychotherapie, wie sehr sie in ihrer Kindheit und Jugend unter der fehlenden Liebe ihrer Bezugspersonen gelitten haben. Diese Gefühle, die sie lange zurückgehalten haben, brechen nun hervor und lösen Schmerz, Trauer, aber auch Wut und Verzweiflung aus.

So belastend diese Gefühle auch sind, liegt in der Psychotherapie doch die große *Chance*, die in der Vergangenheit erlittenen Verletzungen zu bearbeiten und die aus ihnen entstandenen Fehlverhaltensweisen zu korrigieren. Bei Menschen mit einer Beziehungsabhängigkeit ist dies unter anderem die bittere Einsicht, dass die in der Kindheit nicht erhaltene Liebe im späteren Leben *nicht nachgeholt* werden kann. Diese Einsicht hat auf der einen Seite *Trauer* zur Folge. Es ist ein schmerzhafter Prozess, sich dieser Tatsache bewusst zu werden. Selbst wenn ein Partner Mara Kleinert bedingungslose Liebe entgegengebracht hätte, wäre diese kein Ersatz für die in der Kindheit vermisste Liebe und Wertschätzung der Eltern gewesen. Für Menschen mit einer Beziehungsabhängigkeit gilt es, diese Realität anzuerkennen, auch wenn sie ihnen wehtut.

Der Abschied von der Erwartung, die in der Kindheit vermisste Liebe und Zuwendung doch noch zu erhalten, eröffnet auf der anderen Seite aber auch die Möglichkeit, nicht weiterhin dieser – vergeblichen – Hoffnung nachzujagen. Durch diesen *Verzicht* wird der Weg frei für Beziehungen, die nicht mehr den Charakter von Abhängigkeiten besitzen, sondern *Beziehungen »auf Augenhöhe«* sind. Während in Abhängigkeitsbeziehungen wegen der unstillbaren Sehnsucht nach der Erfüllung von Bedürfnissen, die aus der Kindheit stammen, von vorneherein die Enttäuschung vorprogrammiert ist, wird durch das Loslassen dieser kindlichen Wünsche und Bedürfnisse der Weg frei für *reife und erfüllende Beziehungen.*

## Auf den Punkt gebracht

- Menschen, die in Kindheit und Jugend keine sie emotional tragende, ihr Selbstwertgefühl stabilisierende Beziehungen erlebt haben, versuchen oft im späteren Leben, diese Zuwendung von anderen Menschen zu erhalten.
- Dadurch sind sie gefährdet, sich übermäßig an Menschen anzulehnen, von denen sie sich die Erfüllung dieser Wünsche versprechen.
- Oft idealisieren sie diese Hoffnungsträger und sind kritischen Kommentaren von Angehörigen und Freunden zu diesen Personen nicht zugänglich.
- Tief im Innern spüren Menschen mit Beziehungsabhängigkeiten, wenn sie ausgenutzt werden. Sie klammern sich jedoch oft geradezu verzweifelt an die Hoffnung, doch noch die in der Kindheit vermisste bedingungslose Liebe zu erhalten.
- Die Einsicht, dass eine Partnerin oder ein Partner ihnen diese Bedürfnisse nicht erfüllen kann, löst oft eine tiefe Enttäuschung aus und kann bis zu suizidaler Verzweiflung führen.
- In solchen Krisensituationen sind Freundinnen und Freunde ebenso wie Angehörige wichtig, die der beziehungsabhängigen Person zur Seite stehen.
- Wenn es im Zusammenhang mit der Beziehungsabhängigkeit zu Krisen kommt, ist eine Psychotherapie unbedingt empfehlenswert. In der Therapie kann es gelingen, die Hintergründe der Beziehungsabhängigkeit zu bearbeiten, Trauerarbeit über die in der Kindheit vermisste Zuwendung zu leisten und die unrealistischen und unerfüllbaren Hoffnungen auf die Erfüllung dieser kindlichen Wünsche aufzugeben. Dadurch wird der Weg frei zu reifen Beziehungen »auf Augenhöhe«.

### Was Sie als in einer Abhängigkeitsbeziehung lebende Person tun können

- Versuchen Sie, die Person, von der Sie sich die Erfüllung Ihrer Wünsche nach Liebe und Akzeptanz erhoffen, möglichst realistisch zu sehen und hören Sie auf Ihre eigenen kritischen Gedanken.
- Auch wenn es Ihnen wehtut, hören Sie auf warnende Hinweise Ihrer nächsten Bezugspersonen und vertrauen Sie ihnen, dass sie ihre Warnungen aus Sorge um Sie aussprechen.
- Sie müssen sich nicht schämen, wenn Sie sehen, dass Sie sich haben ausnutzen lassen. Ihr Verhalten hat nichts mit Naivität oder Dummheit zu tun, sondern ist Ausdruck Ihrer Beziehungsabhängigkeit und des ihr zugrunde liegenden verzweifelten Suchens nach Liebe und Akzeptanz.
- Suchen Sie das Gespräch über die Abhängigkeitsbeziehung mit einer Ihnen nahestehenden Person.
- Suchen Sie psychotherapeutische Hilfe, um die Hintergründe Ihrer Beziehungsabhängigkeit zu bearbeiten und neue Bewältigungsstrategien zu erlernen.

### Was Sie als Angehöriger oder Freundin tun können

- Halten Sie mit Ihrer Meinung über die Partnerin oder den Partner Ihres beziehungsabhängigen Angehörigen oder Ihrer Freundin nicht hinter dem Berg.
- Formulieren Sie Ihre Kritik, dies aber taktvoll, und lassen Sie spürbar werden, dass hinter Ihrer Äußerung Sorge um Ihren Angehörigen oder Ihre Freundin steht.
- Auch wenn die beziehungsabhängige Person Ihre kritischen Anfragen vehement zurückweist, sollten Sie die Beziehung zu ihr aufrechterhalten und mit ihr im Gespräch bleiben.
- Seien Sie zur Stelle, wenn Ihre beziehungsabhängige Angehörige oder Freundin in eine Krise gerät. Machen Sie ihr keine Vorwürfe, sondern unterstützen Sie sie dabei, ein realistisches Bild von ihrer Beziehung zu gewinnen.
- Raten Sie ihr zu einer Psychotherapie und seien Sie ihr bei der Suche nach einer Therapeutin oder einem Therapeuten behilflich.

# Schluss: Das Wichtigste auf einen Blick

## Allgemeine Gesichtspunkte

- Abhängigkeitsbeziehungen zeichnen sich durch ein Ungleichgewicht zwischen den Partnerinnen und Partnern aus. Ihnen fehlt die Gegenseitigkeit, und es sind im Allgemeinen keine Beziehungen »auf Augenhöhe«.
- Menschen mit einer Beziehungsabhängigkeit weisen die folgenden Merkmale auf:
  - große Angst, Verantwortung zu übernehmen,
  - anderen die Verantwortung für Missgeschicke zu geben,
  - Zurückstellen eigener Bedürfnisse und große Nachgiebigkeit gegenüber den Wünschen anderer, um sich deren Zuwendung zu erhalten,
  - Schwierigkeit, Entscheidungen zu treffen, und Angewiesensein auf Bestätigung durch andere,
  - Angst, eine eigene Meinung zu vertreten,
  - sich als schwach, hilflos und inkompetent zu erleben,
  - Angst, verlassen zu werden, und anklammerndes, symbiotisches Verhalten anderen gegenüber.
- Die Ursachen solcher Entwicklungen liegen oft in der Kindheit. Zu nennen sind hier vor allem Zurückweisungen und Entmutigungen im Elternhaus und in der Schule, Mobbing und Ausgrenzungen durch Gleichaltrige sowie eine ängstlich-überprotektive Haltung der Eltern.
- Den Kern der Beziehungsabhängigkeit stellt ein gering ausgeprägtes Selbstwertgefühl dar.
- Aufgrund ihrer Selbstunsicherheit klammern sich beziehungsabhängige Menschen an andere Menschen, suchen deren Bestätigung und Unterstützung und scheuen sich vor der Übernahme von Verantwortung.

- Aufgrund einer Aggressionshemmung versuchen sie um jeden Preis, Konflikte zu vermeiden.
- Oft werden die Nachgiebigkeit und das Zurückstellen eigener Wünsche von der Umgebung geschätzt und honoriert. Dadurch kann die Aggressionshemmung noch verstärkt werden.
- Die Überanpassung kann verhängnisvolle Folgen haben, indem die beziehungsabhängige Person von anderen Menschen Aufgaben übernimmt, mit denen sie total überfordert ist.
- Oft folgen Beziehungen dieser Art bei Erwachsenen einem Eltern-Kind-Muster.
- Beziehungsabbrüche sind für Menschen mit Beziehungsabhängigkeiten oft traumatisch.
- Mitunter nehmen diese Beziehungen einen symbiotischen Charakter an, und es kann zu einer Hörigkeit kommen, die von der Partnerin oder dem Partner unter Umständen ausgenutzt wird.
- Im Fall einer Hörigkeit verheimlichen die beziehungsabhängigen Personen ihre wahre Situation oft aus Scham und Schuldgefühlen und isolieren sich dadurch sozial immer mehr.
- Unter den beziehungsabhängigen Menschen gibt es eine Gruppe, die einen vehementen Kampf gegen ihre Anlehnungs- und Unterstützungswünsche führt und sich in überkompensierender Weise als betont unabhängig und »hart« präsentiert.
- Beziehungsabhängigkeiten mit unheilvollen Folgen gibt es nicht nur in individuellen Beziehungen. Solche Abhängigkeiten können auch in ideologisch-dogmatischen Glaubensgemeinschaften und politischen Extremgruppen bestehen.
- Derartige Gruppen üben insbesondere auf Jugendliche eine große Faszination aus, da sich die Mitglieder hier an idealisierten Autoritäten orientieren und mit ihnen identifizieren können.
- Das »Hotel Mama« ist ein weithin bekanntes Phänomen, das Ausdruck einer Beziehungsabhängigkeit sein kann. Dem bis ins Erwachsenenleben fortdauernden Zusammenleben von Eltern und Kindern kann ein übergroßes Bedürfnis nach Bindung der Kinder oder auch der Eltern zugrunde liegen.
- Es gibt aber auch gesellschaftspolitische und soziale Gründe für das gegenüber früheren Zeiten längere Zusammenleben der Gene-

rationen, z. B. hohe Mieten an den Studienorten, niedriges Einkommen der Azubis.

- Eine in der Gegenwart recht häufig anzutreffende Abhängigkeit kann in einem übermäßigen Internetkonsum, hier vor allem von Sexchats, bestehen.
- Die »Symptomatik« dieser Abhängigkeit gleicht weitgehend den stoffgebundenen Süchten: unwiderstehliches Verlangen, verminderte Kontrollfähigkeit, Entzugserscheinungen psychischer und physischer Art, fortschreitende Vernachlässigung anderer Lebensbereiche.
- Die negativen Folgen eines süchtigen Konsums von Sexchats sind vor allem die Entkopplung von sexueller Befriedigung und emotionaler Beziehung sowie die Übernahme von sexuellen Verhaltensformen, die realen Partnerinnen und Partnern nicht entsprechen.
- Es gibt besonders destruktive Beziehungen, bei denen die beziehungsabhängige Person Opfer massiver psychischer und/oder körperlicher Gewalt wird.
- Die Gründe der Opfer, trotz des erlebten Leids in solchen Beziehungen auszuharren, können finanzielle Abhängigkeiten, Angst vor einer Eskalation von Gewalt im Falle einer Trennung, Angst vor Einsamkeit oder eine Wiederholung von früheren Gewalterfahrungen sein.

### Was Sie als beziehungsabhängige Person tun können

- Auch wenn Sie Angst haben, sich hervorzutun und eigene Entscheidungen zu treffen: Versuchen Sie mutig zu sein und üben Sie sich in Selbstständigkeit.
- Überfordern Sie sich dabei nicht, sondern gehen Sie Schritt für Schritt vor und seien Sie auch mit kleinen Erfolgen zufrieden.
- Quälen Sie sich nicht mit Selbstvorwürfen und Schamgefühlen. Es ist nicht Ihre »Schuld«, dass Sie sich in Beziehungsabhängigkeiten verstricken, sondern Folge Ihrer schwierigen Entwicklungsbedingungen.
- Nehmen Sie den Rat und die Unterstützung von Angehörigen und Freunden an.

- Nehmen Sie kritische Kommentare Ihrer Bezugspersonen über den Menschen, von dem Sie abhängig sind, ernst, auch wenn sie Ihnen wehtun. Seien Sie sich darüber klar, dass der Kritik Sorge um Sie zugrunde liegt.
- Weichen Sie Situationen, die Ihnen Angst machen, nicht aus. Ausweichen verstärkt die Angst.
- Seien Sie sich bewusst, dass Sie für Ihre Überanpassung einen hohen Preis bezahlen, indem Sie dadurch Ihre Persönlichkeitsentwicklung behindern.
- Seien Sie vorsichtig im Umgang mit charismatischen Gemeinschaften religiöser oder politischer Art. Sie sind vielleicht fasziniert von den »Heils«versprechungen dieser Gruppen. Bewahren Sie sich aber Ihre Kritikfähigkeit und Ihren gesunden Menschenverstand.
- Wenn Sie Mitglied einer solchen Gruppe geworden sind, halten Sie unter allen Umständen Kontakt zu Familie und Freunden außerhalb der Gruppe.
- Bagatellisieren Sie den Konsum von Sexchats und Pornoseiten nicht und seien Sie sich des Suchtpotenzials dieses Konsums bewusst. Achten Sie darauf, den Konsum nicht im Übermaß zu betreiben.
- Seien Sie sich darüber klar, dass die Verhaltensweisen und Begegnungsformen, die Sie in diesen Medien antreffen, stark von dem abweichen, wie sich Beziehungen mit realen Partnerinnen und Partnern gestalten.
- Seien Sie alarmiert, wenn Sie bemerken, dass die virtuelle Welt für Sie gleich wichtig oder sogar wichtiger wird als die reale Welt.
- Wenn Sie sich in einer destruktiven Beziehung befinden und es nicht schaffen, sich daraus zu befreien, sollten Sie keine Vorwürfe oder Schuldzuweisungen gegen sich selbst richten.
- Versuchen Sie im Gespräch mit Freundinnen und Freunden, die Gründe für Ihr Ausharren in dieser Beziehung zu klären.
- Suchen Sie psychotherapeutische Hilfe, wenn Sie merken, dass Sie alleine oder mithilfe von Angehörigen und Freunden Ihre Beziehungsabhängigkeit nicht ändern können. Warten Sie nicht zu lange mit der Suche nach einer Therapeutin oder einem Therapeuten.

**Was Sie als Angehöriger oder Freundin tun können**

- Unterstützen Sie die beziehungsabhängige Person so weit wie möglich.
- Achten Sie dabei aber darauf, dass Ihre Unterstützung eine »Hilfe zur Selbsthilfe« ist. Das Ziel ist, die Selbstständigkeit und Autonomie der beziehungsabhängigen Person zu verbessern.
- Machen Sie der beziehungsabhängigen Person keine Vorwürfe, sie sei »faul« oder »bequem«, wenn sie ihr Verhalten nicht zu ändern vermag. Das Verhalten dieser Person ist Folge ihrer schwierigen Entwicklungsbedingungen.
- Wenn Sie sehen, dass Ihr Angehöriger sich in einer destruktiven Beziehungsabhängigkeit befindet, teilen Sie ihm diesen Eindruck offen mit. Achten Sie dabei darauf, dass Sie Ihre Kommentare in taktvoller, nicht-verletzender, die Gefühle Ihres Angehörigen respektierender Art formulieren.
- Zeigen Sie Ihrer beziehungsabhängigen Freundin die Nachteile Ihrer Überanpassung auf.
- Lassen Sie sich nicht dadurch blenden, dass Ihr Angehöriger oder Freund seine Selbstunsicherheit und Verletzlichkeit unter einer »harten Schale« versteckt und sich überkompensierend als völlig selbstsicher und autonom präsentiert. Nehmen Sie die dahinter liegende »weiche«, ängstliche Seite wahr und unterstützen Sie die beziehungsabhängige Person bei der Entwicklung echter Selbstständigkeit.
- Wenn Ihre Angehörige oder Freundin Mitglied einer charismatischen Gemeinschaft religiöser oder politischer Art geworden ist, halten Sie unter allen Umständen den Kontakt zu ihr aufrecht. Sie sind als Person außerhalb der Gruppe besonders wichtig, wenn es um eine kritische Distanz zur Gruppenideologie und um den Versuch eines Ausstiegs aus der Gruppe geht.
- Sprechen Sie Ihren Angehörigen oder Freund offen darauf an, wenn Sie den Eindruck haben, er halte sich im Übermaß in Sexchats auf.
- Vermeiden Sie in solchen Gesprächen Vorwürfe und moralische Argumente, sondern weisen Sie auf die negativen Folgen eines solchen exzessiven Konsums hin.

- Auch wenn es Ihnen unverständlich ist, warum Ihre Angehörige oder Freundin in einer offensichtlich destruktiven Beziehung ausharrt, machen Sie ihr deshalb keine Vorwürfe, sondern versuchen Sie, mit ihr die Gründe für ihr Verhalten zu klären.
- Wenn die Abhängigkeitsbeziehung Ihrer Angehörigen oder Freundin destruktive Formen annimmt und sie sich daraus nicht zu befreien vermag, raten Sie ihr unbedingt zu einer Psychotherapie und unterstützen Sie sie bei der Suche nach einer Therapeutin oder einen Therapeuten.

## Anmerkungen

1 Buber (1983), S. 37.
2 Vgl. Kuhl & Kazén (2009).
3 Vgl. Gjerde et al. (2012).
4 Burnham, Gladstone & Gibson (1969).
5 Vgl. Rauchfleisch (2019a, 2019b).
6 Walser (2017), S. 26.
7 Vgl. Rauchfleisch & Weibel Rüf (2001).
8 Vgl. Utsch (2014).
9 Vgl. den Endbericht der Enquete-Kommission »Sogenannte Sekten und Psychogruppen«, Deutscher Bundestag (1998).
10 Utsch (2014), S. 34.
11 Rohmann (2002), siehe auch seine Internetseite www.kulte.de.
12 Vgl. DESTATIS (2020).
13 Vgl. Zeltner (1998).
14 Gaschke (2006).
15 Röhr (2020), S. 177.
16 Vgl. Aretz et al. (2017).
17 Petersen et al. (2009).
18 Bühring (2012).
19 Weber (2012), zitiert nach Hopf (2019), S. 48.
20 Vgl. Rumpf et al. (2012); Durkee et al. (2012); Riedel et al. (2017); siehe auch Bilke-Hentsch & Leménager (2019).
21 Orth (2017).
22 Vgl. Rauchfleisch (1996).

# Literatur


Aretz, W., Gansen-Ammann, D.-N., Mierke, K., Musiol, A. (2017): Date me if you can. Ein systematischer Überblick über den aktuellen Forschungsstand von Online-Dating. In: Zeitschrift für Sexualforschung 30, S. 7–34.

Buber, Martin (1983): Ich und Du (1923). 11. Aufl. Schneider, Heidelberg.

Bühring, P. (2012): Problematischer und pathologischer Internetgebrauch. Mit Kompetenz ins Netz. In: Deutsches Ärzteblatt 11, S. 509.

Burnham, D. L., Gladstone, A. I., Gibson, R. W. (1969): Schizophrenia and the Need-Fear-Dilemma. International University Press, New York.

DESTATIS (2020): Statistisches Bundesamt, Pressemitteilung Nr. N 045 vom 5. August 2020.

Deutscher Bundestag (Hg.) (1998): Endbericht der Enquete-Kommission »Sogenannte Sekten und Psychogruppen«. Neue religiöse und ideologische Gemeinschaften und Psychogruppen in der Bundesrepublik Deutschland. Deutscher Bundestag, Referat Öffentlichkeitsarbeit, Bonn.

Gaschke, Susanne (2006): Mensch, Alter. Die neue Shell-Jugendstudie zeigt eine Generation, die Gründe hat zu rebellieren – aber nicht will. In: DIE ZEIT, Nr. 39, 21.9.2006. https://www.zeit.de/2006/39/Shell_Studie [Zugriff: 27.5.2021].

Gjerde, L. C., Czajkowski, N., Røysamb, E., et al. (2012): The heritability of avoidant and dependent personality disorder assessed by personal interview and questionnaire. In: Acta Psychiatrica Scandinavica 126(6): S. 448–457.

Hopf, H. (2019): Jungen verstehen. Klett-Cotta, Stuttgart.

IFT Institut für Therapieforschung, München (2019): Hauptdiagnose-/Haupttätigkeit »Exzessive Mediennutzung«: Erste Ergebnisse aus der Suchthilfestatistik 2017 und 2018. München, Oktober 2019. https://www.suchthilfestatistik.de/fileadmin/user_upload_

dshs/Publikationen/Kurzberichte/DSHS_Kurzbericht_2019_2_Ueb_ExzMediennutzung.pdf [Zugriff: 15.6.2021].

Kuhl, J., Kazén, M. (2009): Das Persönlichkeits-Stil- und Störungs-Inventar (PSSI). Manual. 2. Aufl. Hogrefe, Göttingen.

Orth, B. (2017): Die Drogenaffinität Jugendlicher in der Bundesrepublik Deutschland 2015. Teilband Computerspiele und Internet. BZgA-Forschungsbericht. Bundeszentrale für gesundheitliche Aufklärung, Köln. .. http://www.bzga.de/forschung/studien-untersuchungen/studien/suchtpraevention [Zugriff: 15.6.2021].

Petersen, K. U., Weymann, N., Scheib, Y., et al. (2009): Pathologischer Internetgebrauch – Epidemiologie, Diagnostik, komorbide Störungen und Behandlungsansätze. In: Fortschritte der Neurologie Psychiatrie 77, S. 263–271.

Rauchfleisch, S., Weibel Rüf, F. (2002): Kindheit in religiösen Gruppierungen – zwischen Abgrenzung und Ausgrenzung. Eine qualitative Studie. Edition Soziothek, Bern.

Rauchfleisch, U. (1996): Allgegenwart von Gewalt. 2. Aufl. Vandenhoeck & Ruprecht, Göttingen.

Rauchfleisch, U. (2019a): L(i)eben mit Borderline. Ein Ratgeber für Angehörige. 3. Aufl. Patmos, Ostfildern.

Rauchfleisch, U. (2019b): Diagnose Borderline. Diagnostik und therapeutische Praxis. Kohlhammer, Stuttgart.

Röhr, H.-P. (2020): Wege aus der Abhängigkeit. Belastende Beziehungen überwinden. 6. Aufl. Patmos, Ostfildern 2020.

Rohmann, D. (2002): Von Riesen und Zwergen. Überlegungen für die Arbeit mit Kultmitgliedern, -aussteigern und deren Angehörigen. In: Wege zum Menschen 54, S. 105–113.

Utsch, M. (2014): »Die Sekte hat unser Kind gestohlen«. Beratung der Angehörigen von Mitgliedern in religiösen Extremgruppen. In: Leidfaden – Fachmagazin für Krisen, Leid und Trauer 3, S. 32–34.

Walser, M. (2017): Statt etwas oder Der letzte Rank. Rowohlt, Reinbek bei Hamburg.

Weber, C. (2012): Süddeutsche Zeitung Nr. 243/2012. Zit. nach Hopf, H. (2019).

Zeltner, E. (1998): Generationen-Mix. Zytglogge, Basel.

# Inneres Glück finden

Heinz-Peter Röhr
**Vom Glück, sich selbst zu lieben**
Wege aus Angst und Depression

184 Seiten
Format 14 x 22 cm
Paperback
ISBN 978-3-8436-0036-1

Viele Menschen meinen, durch Wohlstand, Leistung und Erfolg glücklich zu werden. Doch häufig klagen gerade diejenigen, die nur für diese Form des äußeren Glücks leben, über ein Gefühl innerer Leere. Viele von ihnen geraten in Beziehungskrisen, leiden unter Ängsten oder werden depressiv. Anhand des Grimm'schen Märchens »Der Teufel mit den drei goldenen Haaren« erklärt Heinz-Peter Röhr, was das wahre Lebensglück ausmacht. Lebensnah sind seine Fallbeispiele und Übungen, die uns helfen, innere Blockaden zu überwinden und den Schlüssel zu unserem Glück zu finden.